W0060117

Das Gebetbuch
für Muslime

Verlag Der Islam

Zusammengestellt aus:

THE ISLAMIC PRAYER von Naseem Saifi
copyright by:
Oriental & Religious Publishing Corporation Ltd.
Rabwah, Pakistan

THE MUSLIM PRAYER BOOK von Bashir Ahmad Rafiq
copyright by:
Islam International Publications Ltd.
Islamabad, Sheephatch Lane, Tilford, Surrey, U.K.

PRAYERS OF THE HOLY PROPHET
copyright by:
Ahmadiya Muslim Mission
Akkra, Ghana

Das Gebetbuch für Muslime

Zusammengestellt, ergänzt und übersetzt
von Tariq Habib Guddat

Copyright by:
VERLAG DER ISLAM Frankfurt/Main
Babenhäuser Landstraße 25

Fotos/Titelfoto von Harald Schröder

Arabische Kalligraphie von Dr. Wasim Ahmad

Umschlaggestaltung von Klaus Stowasser

ISBN 3-921458-41-2

printed in Germany

IM NAMEN ALLAHS
DES GNÄDIGEN UND BARMHERZIGEN

»Du siehst sie sich beugen, sich niederwerfen im Gebet, Huld erstrebend von Allah und Sein Wohlgefallen. Ihre Merkmale sind auf ihren Gesichtern: die Spuren der Niederwerfungen.« (Sura 48 Al-Fath, Vers 30)

Die Frage nach dem Zweck der Erschaffung des Menschen dürfte wohl eine der ältesten, wenn nicht sogar *die* älteste aller Fragen sein, die sich die Menschheit immer und immer wieder gestellt hat. Millionen und Abermillionen von Denkern, Philosophen und vor allen Dingen auch gläubigen und tiefreligiösen Menschen haben darüber nachgedacht und versucht, dieses Gedankengut in ihrer jeweiligen Zeit zu verbreiten.

Nun, es ist wohl müßig, sich hier und an dieser Stelle einer philosophischen Diskussion stellen zu wollen, ist es doch der Schöpfer aller Dinge selbst, Der uns im Heiligen Quran, Seinem dem Menschen offenbarten Wort, mit dem Er den Islam als die abschließende Entwicklung der Religon einführte, sagt: »Ich habe die Dschinn[1] und die Menschen nur darum erschaffen, daß sie Mir dienen« (Sura 51 Al-Dhāriyāt, Vers 57).

»Dienen«, wie es in der obigen Sura heißt, bedeutet hier soviel wie, sich einer rigorosen spirituellen Disziplin zu unterwerfen, und all seine innewohnenden Kräfte und Fähigkeiten in perfekter Harmonie mit und in Gehorsamkeit der Absicht Gottes gegenüber in vollstem Maße zu entwickeln, um so den Göttlichen Stempel zu erhalten, der einen dann in die Lage versetzt, die Attribute Gottes in sich selbst zu manifestieren. *Das* ist das adlige Ziel und der edle Zweck der menschlichen Schöpfung, und somit genau das, was mit dem »Dienen Gottes« gemeint ist.

Spätestens also hier und an dieser Stelle findet der aufrichtig Suchende die Antwort auf die inneren und äußeren Instinkte der menschlichen Natur, daß nämlich von den Gaben unseres Schöpfers diejenige die Höchste ist, die im Menschen jenes Drängen wachruft, nach Gott zu suchen, und in ihm jenes noble Verlangen anspornt, sich Seinem Willen zu unterwerfen.

Und da ist es dann, neben dem grundsätzlichen Glauben an den Lebendigen Gott sowie der Erkenntnis und Vergegenwärtigung Seiner Schönheit und Güte, das Gebet, welches es dem Menschen ermöglicht, seinem Zweck zu gehorchen – kann er Gott doch nur mit Göttlicher Hilfe und Unterstützung erreichen. »Betet zu Mir; Ich will euer Gebet erhören« (Sura 40 Al-Mo'min, Vers 61). »Und wenn Meine Diener dich nach Mir fragen, sprich: ›Ich bin nahe. Ich antworte dem Gebet des Bittenden, wenn er zu Mir betet.‹ So sollten sie auf Mich hören und an Mich glauben, auf daß sie den richtigen Weg wandeln mögen« (Sura 2 Al-Baqarah, Vers 187).

Gott zu dienen bedeutet also, Seine Attribute in uns zu verwirklichen suchen, wobei uns erst das Gebet jenen Weg eröffnet, uns als Schöpfung Gottes zu vervollkommnen.

Haben wir diese herausragende Außerordentlichkeit des Werkzeugs »Gebet« erst einmal verstanden, kann es ebenso und gleichermaßen auch keine Unklarheit über die Wichtigkeit desselben geben. Denn wenn unser Schöpfer Selbst das Gebet auferlegt hat – in seiner inneren wie auch in seiner äußeren Form – dürfen wir unser Leben nicht mehr vergeuden und müssen lernen, zu Ihm zu beten. Denn genau das, und nur das allein, beinhaltet *den* Fortschritt und damit die Möglichkeit, unser Lebensziel zu erreichen.

Das vorliegende Buch umfaßt in den ersten beiden Teilen eine überarbeitete und ergänzte Übersetzung der englischen Bücher »Gebet im Islam« von Naseem Saifi und »Gebetsbuch für Muslime« von Bashir Ahmad Rafiq. So wurden z.B. alle die Gebete hinzugefügt, die während der rituellen Waschung rezitiert werden können. Außerdem hinzugekommen sind 55 Gebete des Heiligen Propheten Mohammed (möge der Friede und der Segen Gottes auf ihm sein) sowie einige Gebete des Verheißenen Messias, Hazrat Mirza Ghulam Ahmad von Qadian (Friede sei auf ihm), die in den Teilen drei und vier nachzulesen sind. Ganz besonders die Gebete des Heiligen Propheten Mohammed (möge der Friede und der Segen Gottes auf ihm sein) spiegeln trotz des hier präsentierten sehr kleinen Querschnitts sehr deutlich die einzigartige Mannigfaltigkeit und Überlegenheit eines Kodexes wider, der den Menschen auf seiner Suche nach Vervollkommnung nicht nur nie allein läßt, sondern ihm gleichzeitig auch immer die perfekte Möglichkeit zu dieser Entwicklung offenbart. Großer Wert wurde ebenfalls auf eine möglichst umfassende und der deutschen Sprache angeglichene Transliteration der Gebete gelegt, um so einer ständigen Wissenserweiterung einen kleinen Ausgangspunkt zu geben. Ein Anhang mit Erklärungen schließlich rundet das Gebetbuch ab.

Dank sagen möchte ich an dieser Stelle ganz besonders dem derzeitigen Imam der Nuur-Moschee in Frankfurt, Maulana Ataullah Kaleem, sowie auch meinem Freund Hadayatullah Jamil-Hübsch, die mir beide bei der Arbeit zu

7

diesem Buch sehr geholfen haben. Möge der Allmächtige Gott, der Gnadenreiche und Barmherzige, sie dafür belohnen.

Ich hoffe aufrichtig, daß dieses kleine Buch möglichst viele Menschen erreichen wird, und das Allah-tallah auch all jene segnen, rechtleiten und mit den Mitteln zum Fortschritt ausstatten möge, die sich darum bemühen, die Gebete des Islams zu erlernen und anzuwenden. Amen.

Frankfurt, im August 1987.

Tariq Habib Guddat -

EINFÜHRUNG

Wenn wir weit in die tiefe Dunkelheit vergangener Zeiten zurückgehen, entdecken wir, daß der Mensch allerlei seltsame Bilder anbetete, die entweder seiner eigenen Vorstellung entsprungen waren oder direkt von ihm geschaffen wurden.

Jene Menschen, die der Anbetung so eindrucksvoller Elemente der Natur, wie dem Feuer oder den astronomischen Himmelskörpern, wie Sonne und Mond oder sogar auf der Erde lebenden Tiere wie Schlangen oder Löwen verfielen, irrten sich durch alle Zeiten hindurch. Aus Steinen meißelten sie Bilder oder formten sie aus Ton und geschmolzenem Metall zu menschlichen und tierischen Zügen, um ihr starkes Verlangen nach Anbetung zu befriedigen.

Nachdem diese Zeit vorbei war, machte Gott Sich Selbst den Menschen durch eine Reihe von Männern und Propheten bekannt, die Er dazu auserwählt hatte. Der Heilige Prophet Mohammed (s)[2] legte großen Nachdruck auf die großartigen Attribute Gottes, und skizzierte außerdem die Gründe für die Erschaffung des Menschen. Die Anbetung des Einen Gottes nahm endgültige Form an. Und das, daran gibt es überhaupt keinen Zweifel, wurde zum fundamentalen Aspekt des menschlichen Lebens an sich.

Das arabische Wort »Ibadah« ist sehr ausdrucksvoll in seiner Bedeutung des Anbetens. Es beinhaltet die Ideen von Bewunderung und Anbetung, von totaler Unterwerfung und Dienen Dessen, Der sein Schöpfer ist, sowie die Erkenntnis, daß es zu seinem eigenen Vorteil ist, wenn der Mensch sich durch Gebete und Anbetung dem Schutze

Gottes unterwirft. Er muß daher auch anerkennen, daß
sein Leben und sein Tod ausschließlich um Gottes willen
sind. Jegliche Anbetung seitens des Menschen muß eine
enge Beziehung zwischen ihm und seinem Schöpfer bein-
halten. Und das muß der Liebe zu Gott sowie einer totalen
Unterwerfung dessen, der betet, entspringen.

Während jedoch all die verschiedenen Religionen dieser
Welt die Verehrung Gottes als einen Bestandteil des Lebens für ihre Gläubigen einführten, hat unglücklicherweise
kein anderer Glaube als der Islam ein sorgfältiges, umfas-
sendes und befriedigendes System der Anbetung erarbei-
tet.

Die islamischen Arten des Gebetes unterscheiden zwei Ka-
tegorien:

erstens, das vorgeschriebene und festgelegte Gebet wie Sala'at, Hadsch, Fasten, Sakaat etc.;

zweitens, das freie Gebet wie Sikhr sowie die Gebete in seiner eigenen Sprache.

Die grundlegende Idee dieses Büchleins ist die Erklärung
der festgelegten Gebete wie dem des Sala'ats. Es ist die
Pflicht eines jeden Muslims, fünfmal am Tag zu beten. Es
gibt unzählbare Segnungen, die jemand durch das Gebet
erreichen kann, doch bleibt die Hauptsache die, daß es dabei hilft, mit Gott, dem Allmächtigen, eine lebendige Gemeinschaft herbeizuführen und einzurichten. Wahrer Frieden des Geistes und wahrer Seelenfrieden können nur
durch Gebete sowie dadurch erreicht werden, daß man
Gott Gehorsam und Demut erweist. Das Gebet – oder Sala'at – erteilt außerdem eine große Lektion in Bezug auf die

Disziplin sowie in Bezug auf die Verpflichtungen jedes einzelnen gegenüber Gott und den Mitmenschen.

Nazir Dawat-o-Tabligh
Sadr Anjuman Ahmadiyya
Qadian
Distrikt von Gurdaspur in der Provinz Punjab
I n d i e n

HINWEISE ZUR AUSSPRACHE

ch = wie z.B. in Achterbahn.

dh = wie ein weiches englische »th«, z.B. in though.

gh = weich, wie z.B. in gähnen.

j/jj = immer weich, wie z.B. in Joghurt.

r   = weich, wie z.B. in Regen.

rh = liegt in der Mitte zwischen einem weichen »r« wie in »Regen« und »ch«, als wenn man versuchte, die drei Konsonanten hintereinder auszusprechen (rch).

s   = immer weich, wie z.B. in sehen.

ss = wie im deutschen.

w   = als wenn man vor das »w« ein »ou« setzte, und beides hintereinander schnell ausspricht; die Aussprache ist dann ähnlich wie beim englischen »wharf«, »wool« etc.

y/yy = wie in Jiu-Jitsu.

ÜBER DAS GEBET – SALA'AT

Von jeglicher religiösen Praxis bedeutet das Sala'at die herausragende Erfahrung, eine Beziehung zu dem Schöpfer herzustellen. Jahrhundert um Jahrhundert fand der Mensch die einzig offene Tür zu Gott durch sein Gebet. Jenes Gebet, das mit wahrer Demut dargebracht wird, verleiht dem menschlichen Geist Trost und Erquickung. Es gewährt dem gequälten Geist aufrichtige Erleichterung und hebt ihn aus seinem niedrigen Zustand zu Höhen empor, die von niemandem überragt werden.

Sala'at, oder das vorgeschriebene Gebet, wird im Heiligen Quran als eine Eigenschaft eines wahren Gläubigen beschrieben:

»Dies ist ein vollkommenes Buch; es ist kein Zweifel darin; eine Richtschnur für die Rechtschaffenen; die da glauben an das Ungesehene und das Gebet verrichten und spenden von dem, was Wir ihnen gegeben haben«, (Sura 2 Al Baqarah, Verse 3 und 4).

Das Gebet oder Sala'at, das aus vollstem Glauben dargebracht wird, wird erhört und beantwortet und ist ein Weg, die Seele und das Herz zu läutern. Dadurch, daß das tägliche Gebet mit Demut und Ernsthaftigkeit dargebracht wird, befreien wir uns von unseren Sünden und unsere Herzen werden gereinigt. Der Heilige Quran erwähnt diesen bezeichnenden Charakterzug des Gebets, indem er sagt:

»Verlies, was dir von dem Buch offenbart ward, und verrichte das Gebet. Wahrlich, das Gebet hält ab von Schändlichkeiten und Unrecht; und an Allah denken ist gewiß die höchste Tugend« (Sura 29 Al-Ankabūt, Vers 46).

In der Tat ist das Gebet eine sichere und gut überprüfte Verschreibung zur Läuterung der Seele und des Herzens. Allein durch das Sala'at ist es uns möglich, eine lebendige Beziehung zu Allah zu schaffen.

»Diejenigen, die Allahs Buch vortragen und das Gebet verrichten und von dem, was wir ihnen gegeben haben, insgeheim und öffentlich spenden, hoffen auf einen Handel, der nie fehlschlagen wird; darum wird Er ihnen ihren vollen Lohn geben und ihnen Mehrung hinzugeben aus Seiner Hand; Er ist fürwahr allverzeihend, erkenntlich« (Sura 35 Al-Fātir, Verse 30 und 31).

Gemäß des Heiligen Propheten Mohammed (s) bedeutet Gebet soviel wie »Miradsch« (Vereinigung mit Allah oder totale Auflösung seiner selbst auf dem Wege Allahs) der Gläubigen. Dies ist die höchste Form der Anbetung Allahs. Weiterhin wird vom Heiligen Propheten (s) berichtet, daß er gesagt hat:

»Das Gebet bringt den Gläubigen in Beziehung zu seinem Erhalter.«

Es sollte klar und unmißverständlich sein, daß kein aufrichtig gemeintes Gebet verlorengeht. Aufgrund unseres begrenzten Wissens oder unserer unzulänglichen Visionen können wir nicht sicher sein, was für uns bereitgehalten wird, und was uns am Ende vielleicht schaden könnte. Unter allen Umständen sollten wir deshalb unseren gesamten Glauben in Gott setzen, nachdem wir Ihm das, was uns belastet, anvertraut haben. Was auch immer es an Gutem für uns geben mag, Allah wird Sich um unsere Wünsche kümmern. Denn Allah besitzt eine individuelle Beziehung zu jedem seiner Diener, und die Erhörung der Gebete beruht größtenteils auf der jeweiligen Qualität der Beziehung jedes einzelnen zu Ihm. Körper und Geist sind miteinander verbunden. Jeder reagiert und reflektiert abhängig voneinander. Wir beobachten, daß Tränen aus unseren Augen fließen, wenn wir traurig sind, und daß der Körper mit einem Lächeln auf dem Gesicht reagiert, wenn wir glücklich sind. Der menschliche Geist kann nicht von seinem Körper getrennt werden und umgekehrt. Aus diesem Grund auferlegte Allah es den Gläubigen, sich während des Gebets verschiedenen Formen und Haltungen zu unterziehen, so daß ihre Körper ihrer Geisteshaltung darin entsprechen, ihre Demut und Unterwerfung unter Seinen Willen auszudrükken.

Islam hat alle bekannten Symbole von Demut und Unterwerfung in einem einzigen Gebet zusammengefaßt. Es gibt Menschen, die ihre Demut dadurch ausdrücken, daß sie vor ihren Älteren stehen, knien oder sich vor ihnen niederwerfen. Sie stellen damit anschaulich das Vorhandensein Allahs, des Allmächtigen, dar, welches sie dazu bringt, in aller Demut vor ihrem Schöpfer zu stehen. Sie zeigen ihre Hingabe zu Allah nicht nur durch das Äußern der Worte des Gebets, sondern ebenso durch das körperliche Hinknien und Niederwerfen vor Ihm.

Ein vollständiges und zu belohnendes Gebet ist nur jenes, in dem beide – Körper und Seele – ihren Anteil daran haben. Demut ist die Essenz des Islam. Kein Gebet kann von irgendeinem Nutzen sein, bevor es nicht in Ernsthaftigkeit und Demut dargebracht wird. Allah anbefiehlt den Gläubigen:

»Erfolg fürwahr krönt die Gläubigen, die sich demütigen in ihren Gebeten« (Sura 23 Al-Mo'minūn, Verse 2 und 3).

Der Heilige Prophet (s) sagte:

»Kein Diener Allahs zeigt Demut um Allahs willen, und trotzdem erhöht ihn Allah.«

Wenn wir über die Schöpfung des Universums nachdenken und über die Gesetze, von denen es regiert wird, sowie über deren Gestaltung und Verschiedenheit, an denen sich unser Auge erfreut, ist es natürlich, daß wir von der Existenz und Erhabenheit Gottes überzeugt werden. Dieses Erkennen führt zur Demut in uns. Ganz am Anfang unserer Gebete rezitieren wir die Sura Al-Fāteha des Heiligen Qurans, in der die göttlichen Attribute der Gnade, Barmherzigkeit und seine Meisterschaft über den Tag des Jüngsten Gerichts erwähnt sind. Und dies, verglichen mit der Schwachheit und Hilflosigkeit des Menschen, führt uns sofort in die Demut zurück.

Es sind fünf tägliche Dienste, die der Muslim darbieten muß. Dies mag einigen zwar als ein wenig zuviel erscheinen, doch wenn wir den wahren Wert des Gebets erkennen und seinen Effekt der Läuterung an uns betrachten, erkennen wir, daß die im Gebet verbrachte Zeit viel nützlicher ist als andere Beschäftigungen des Lebens. Des weiteren sind die Zeiten so, daß wir jeden Tag mit der geistigen Auseinandersetzung mit Allah anfangen und beenden. Vom Heiligen Propheten (s) wird berichtet, daß er sagte, daß niemals irgendein bißchen Schmutz auf einer Person zurückbleiben kann, die fünfmal am Tag badet. Deshalb kann kein geistiger Schmutz auf einer Seele zurückbleiben, die fünfmal am Tag ihre Gebete Allah darbringt.

EINIGE ERMAHNUNGEN DES HEILIGEN QURANS ZUM GEBET

Der Heilige Quran rät dem Gläubigen, die folgenden Lehren zu beachten und zu befolgen:

1. »... Und wenn ihr in Sicherheit seid, dann verrichtet das Gebet (in der vorgeschriebenen Form); denn das Gebet zu bestimmten Zeiten ist den Gläubigen eine Pflicht« (Sura 4 Al-Nisā, Vers 104).

2. »Die Heuchler suchen Allah zu täuschen, doch Er wird sie strafen für ihren Betrug. Und wenn sie sich zum Gebet hinstellen, dann stehen sie nachlässig da, zeigen sich den Leuten, und sie gedenken Allahs nur wenig« (Sura 4, Al-Nisā, Vers 143).

3. »Wacht über die Gebete, und das mittlere Gebet, und steht demütig vor Allah« (Sura 2, Al-Baqarah, Vers 239).

4. »O die ihr glaubt, nahet nicht dem Gebet, wenn ihr nicht bei Sinnen seid, bis ihr versteht, was ihr sprecht, noch im Zustande der Unreinheit[3] – ausgenommen der Reisende unterwegs –, bis ihr gebadet habt. Und wenn ihr krank seid oder auf einer Reise (im Zustand der Unreinheit), oder einer von euch kommt vom Abtritt und wenn ihr Frauen berührt habt und findet kein Wasser, dann nehmt reinen Sand und reibt euch damit Gesicht und Hände. Wahrlich, Allah ist nachsichtig, allverzeihend« (Sura 4 Al-Nisā, Vers 44).

5. »O die ihr glaubt! Wenn ihr zum Gebet hintretet, waschet euer Gesicht und eure Hände bis zu den Ellbogen, und fahrt euch über den Kopf und waschet eure Füße bis zu den Knöcheln. Und wenn ihr im Zustande der Unreinheit[3] seid, reinigt euch durch ein Bad. Und wenn ihr krank oder auf einer Reise seid (und dabei unrein), oder wenn einer von euch vom Abtritt kommt, oder wenn ihr Frauen berührt habt, und ihr findet kein Wasser, so nehmt reinen Sand und reibt euch damit Gesicht und Hände. Allah will euch nicht in Schwierigkeiten bringen, sondern Er will euch nur reinigen und Seine Gnade an euch erfüllen, auf daß ihr dankbar seiet« (Sura 5 Al-Mā'edah, Vers 7).

6. »Und verrichtet das Gebet an den beiden Enden des Tages, und in den Stunden der Nacht, die dem Tag näher sind« (Sura 11 Al-Hūd, Vers 115).

7. »Verrichte das Gebet beim Neigen der Sonne bis zum Dunkel der Nacht, und das Lesen des Qurans bei Tagesanbruch« (Sura 17 Al-Banī Isrā'īl, Vers 79).

8. »O die ihr glaubt, wenn der Ruf zum Gebet am Freitag erschallt, dann eilet zum Gedenken Allahs und lasset den Handel ruhn. Das ist besser für euch, wenn ihr es nur wüßtet. Und wenn das Gebet beendet ist, dann zerstreut euch im Land und trachtet nach Allahs Gnadenfülle und gedenket Allahs häufig, auf daß ihr Erfolg habt« (Sura 62 Al-Dschumu'ah, Verse 10 und 11).

9. »Und wenn ihr durch das Land zieht, dann soll es keine Sünde für euch sein, wenn ihr das Gebet verkürzt, so ihr fürchtet, die Ungläubigen würden euch bedrängen. Wahrlich, die Ungläubigen sind euch ein offenkundiger Feind. Und wenn du unter ihnen bist und für sie das Gebet anführst, soll ein Teil von ihnen bei dir stehen, doch sollen sie ihre Waffen aufnehmen. Und wenn sie ihre Niederwerfungen vollführt haben, so sollen sie hinter euch treten, und eine andere Abteilung, die noch nicht gebetet hat, soll vortreten und mit dir beten; doch sollen sie auf ihrer Hut sein und ihre Waffen bei sich haben« (Sura 4 Al-Nisā, Verse 102 und 103).

DER VERHEISSENE MESSIAS ÜBER DAS GEBET

»In den Gebeten, die ihr täglich vollzieht, sollte eine Umwandlung stattfinden. Ich beobachte, daß die Gebete der meisten Menschen nur nichtssagende Bewegungen des Körpers sind. Ihre Gebete werden noch nicht einmal von der Furchtsamkeit und Demut des Herzens begleitet, die bei ihren flehenden Bitten beobachtet werden kann, nachdem das Gebet zu Ende ist. Es wäre wahrhaftig besser gewesen, ihre Gesuche während ihrer Gebete an Gott zu richten, weil sie in dem Falle Entzücken und wahre Freude in ihren Gebeten gefunden hätten. Ich sage deshalb, daß ihr die Gewohnheit, eure Hände nach euren Gebeten zu erheben, für eine Zeitlang aufgeben sollt, und daß ihr euren göttlichen Meister während des Gebets um das bitten sollt, um was ihr Ihn auch immer bitten wolltet, so daß ihr in euren Gebeten Seligkeit finden mögt.

Weitergehend solltet ihr eure Bittgesuche an Gott in eurer eigenen Sprache richten, weil Inbrunst und Begeisterung in euren flehentlichen Bitten in diesem Falle wesentlich größer wären. Nachdem ihr den Heiligen Quran sowie die Formen des Gebets, wie es vom Heiligen Propheten Mohammed (s) berichtet wird, rezitiert habt, betet deshalb zu Gott in eurer Muttersprache, weil eure flehentlichen Bitten zu Gott am besten und innigsten in dieser Sprache ausgedrückt werden können. Von essentieller Bedeutung für euch ist es, Gott zu bitten, daß ihr von euren Sünden befreit werdet, und daß er mit euch zufrieden sein möche, denn durch Sünde verhärtet das Herz, und der sündige Mensch ist wahrlich ein Wurm. Aus diesem Grund sollte unser immerwährendes Gebet zu Gott, Der alle Macht in Händen hält, jenes sein, daß Er uns von Sünden befreien und uns den Weg Seines Wohlgefallens zeigen möge.

Man muß dessen eingedenk sein, daß es vier Gründe sind, warum Gott, der Allmächtige, die Gebete für Muslime zur Pflicht gemacht hat. Erstens: dadurch, daß wir uns in allen Zeiten und unter allen Bedingungen an Gott wenden, wird unser Glaube an die Einzigartigkeit Gottes gestärkt, weil unsere Gesuche an Gott gleichbedeutend damit sind, daß er der Alleinige Geber aller Geschenke ist. Zweitens wird unser Glaube an Gott durch die Annahme der Gebete und des Erreichen dessen, um was wir gebetet haben, gestärkt. Drittens vergrößern sich unser Wissen und unsere Weisheit, sollte die göttliche Unterstützung in einer anderen Form auftreten. Viertens, falls uns die Erfüllung unserer Gebete versprochen wird, sei es durch Inspiration oder eine Vision, und wenn es dann genauso geschieht, wird das unser Wissen um Gott vergrößern, und wir werden so vom sicheren Wissen zur Liebe und von der Liebe zur absoluten Freiheit von Sünde sowie der gänzlichen Trennung aller Beziehungen außer unserer Beziehung zu Gott geführt, und wir erreichen auf diese Weise die Frucht wahrer Erlösung.

Es wurde gesagt, daß die Gefährten des Heiligen Propheten (möge der Friede Allahs auf ihm sein) so vertieft in ihre Gebete waren, daß sie nach deren Beendigung kaum in der Lage waren, einander wiederzuerkennen. In der Tat, jeder wahre Gläubige sollte auf diese Weise in seine Gebete vertieft sein. Gemäß muslimischer Gesetzgebung muß jemand, der seinen Gefährten nach einer Trennung wiedertrifft, diesen mit »Assalam-o-Alaikum« – Friede sei mit Dir – begrüßen. Hierin liegt das Geheimnis, warum das Gebet mit »Assalam-o-Alaikum wa Rahmatullah« – Friede sei mit Dir und die Gnade Allahs – endet.

Wenn ein Mensch zum Gebet aufsteht, und den Gottes-

dienst mit den Worten »Allaho-akhbar« – Gott ist der
Größte – beginnt, steht er in der Gegenwart Gottes und ist
sozusagen in eine Welt versetzt worden, völlig aufgesogen
in der Betrachtung der göttlichen Glorie und Majestät.
Wenn das Gebet zu Ende ist, kommt er zurück in diese
Welt und sagt deshalb am Schluß »Assalam-o-Alaikum wa
Rahmatullah« – Friede sei mit Dir und die Gnade Allahs,
auf diese Weise seine Freunde nach einer Trennung wie-
derbegrüßend. Doch wenn nur stumpfsinnigen Zeremonien – ohne ihre tiefe Bedeutung zu erkennen – nachge-
kommen wird, kann daraus nichts Gutes hervorkommen.

Zeremonien bedeuten Schalen, in denen kein Kern enthalten ist, und wenn die darin liegenden tiefen Wahrheiten
nicht verwirklicht werden können, können sich jene durch-
aus als ein Weg der Zerstörung erweisen.«

DIE WICHTIGKEIT DES JAMA'AT (GEMEINSAMES GEBET)

Der Heilige Quran sowie der Heilige Prophet (möge der Frieden Allahs auf ihm sein) haben die Aufmerksamkeit der Gläubigen wiederholt darauf gerichtet, daß sie ihr Sala'at (Pflichtgebete) gemeinsam beten sollen. Der Heilige Quran hat die Worte »Yuqiemunßalaat« benutzt, was ebenfalls bedeutet, daß die Gläubigen ihre Gebete als Gemeinde verrichten. Es sind zahlreiche spirituelle wie auch weltliche Wohltaten, die daraus entstehen, daß wir unsere Gebete gemeinsam beten. Den Geist der Brüderschaft festigt es genauso, wie es die Idee von der Gleichheit aller Menschen einprägt, wenn wir Schulter an Schulter zusammen stehen. Der Heilige Prophet (möge der Frieden Allahs auf ihm sein) hat gesagt, »Ein gemeinsames Sala'at ist siebenundzwanzigmal hochwertiger als das Sala'at, das alleine gebetet wird«. Und noch einmal wird berichtet, daß der Heilige Prophet (möge der Frieden Allahs auf ihm sein) gesagt hat, »Die Person, die regelmäßig vierzig Tage lang – ohne das erste Takbir zu versäumen – am gemeinsamen Sala'at teilnimmt, erhält zwei Erlasse: einmal die Befreiung von der Hölle und zum anderen Freiheit von Heuchelei.«

Der Heilige Prophet (möge der Frieden Allahs auf ihm sein) machte in den folgenden Worten denjenigen Vorwürfe, die nicht zu den Gebeten in die Moscheen kamen. »Bei Allah, in Dessen Hand mein Leben ist, ich habe die Vorstellung, daß ich das Herbeischaffen von Feuerholz befehlen und dann erst zum Gebet rufen sollte. Nach dem Gebetsaufruf sollte ich jemanden bitten, das gemeinsame Gebet zu leiten, und mich dann jenen Leuten zuwenden, die nicht zum gemeinsamen Gebet erschienen, und ihre Häuser in Brand setzen.«

Aus diesem Grund legt der Islam großen Wert auf das gemeinsame Gebet. Es sollte ein sehr guter Entschuldigungsgrund, wie zum Beispiel Krankheit oder eine bestimmte Furcht, dafür vorliegen, daß das Sala'at zu Hause gebetet wird.

Das freiwillige Gebet (das Nawaffil) sollte im eigenen Haus gebetet werden. Der Heilige Prophet (möge der Frieden Allahs auf ihm sein) hat gesagt, »Laßt aus euren Häusern keine Friedhöfe werden. Betet also auch in ihnen.«

Hazrat Abdullah bin Saad hat erzählt, »Ich erkundigte mich beim Gesandten Allahs: »Ist es besser, das freiwillige Gebet in der Moschee oder zu Hause zu beten?« Jener antwortete: »Du weiß, wie nahe mein Haus zur Moschee ist, und doch, abgesehen von den vorgeschriebenen Gebetsgottesdiensten, bevorzuge ich es, meine Gebete in meinem Haus statt in der Moschee zu beten.«

Die folgenden Gebete sollten mit einer Gemeinde dargebracht werden:

1. alle Farz der fünf vorgeschriebenen Gebete
2. die Farz des Freitagsgebets;
3. beide Ihd-Gebete;
4. das Tarawi-Gebet während des Ramadan[4];
5. das Totengebet – Dschenasa;
6. das Salat'ul Chußuf während einer Mondfinsternis.
7. das Salat'ul Kußuf während einer Sonnenfinsternis.

WUDHU – DIE RITUELLE WASCHUNG

Der Islam macht die Sauberkeit des Körpers und die der Gedanken zu unabdingbaren Teilen unserer Gebete. Neben der Reinheit des Herzens fordert er vom Muslim, vor dem Gebet eine rituelle Waschung vorzunehmen.

Vom Heiligen Propheten Mohammed (s) wird erzählt, daß er seine Gefährten bei einer Gelegenheit fragte, ob es möglich sei, daß auch nur das kleinste Teilchen Schmutz an einer Person zurückbleiben könne, die jeden Tag fünfmal in einem Fluß badet, der an ihrem Haus vorbeifließt. Die Gefährten verneinten die Frage. Daraufhin bemerkte der Prophet, daß jemand, der fünfmal am Tag vor jedem Gebet die Waschung vollzöge, keinen Schmutz oder Dreck an seiner Person haben könne.

Außerdem bereitet uns die Wudhu auch geistig auf das Gebet vor. Zusätzlich dazu hilft sie uns dabei, unsere Aufmerksamkeit von den weltlichen Gedanken auf die des Gebetes zu leiten. Deshalb ist jeder Muslim angehalten, vor dem Gebet Wudhu zu machen. Ohne im Zustand der Wudhu zu sein, kann kein Gebet stattfinden.

Die rituelle Waschung oder »Wudhu« wird folgendermaßen ausgeführt:

1. Wasche die Hände bis zu den Handgelenken jeweils dreimal – zuerst die rechte und dann die linke;

2. reinige den Mund, indem du ihn dreimal mit Wasser auswäschst, und massiere die Zähne und das Zahnfleisch mit dem Zeigefinger;

3. reinige die Nase; lasse dabei etwas Wasser in sie hineinlaufen, schnaube sie dann kräftig aus und säubere sie ordentlich;

4. wasche das Gesicht dreimal; dazu gehört auch der Teil unter dem Kinn;

5. wasche die Arme jeweils dreimal bis hin zu den Ellbogen – zuerst den rechten und dann den linken;

6. nimm etwas Wasser in die Hände und fahre damit dreimal über den Kopf – von der Stirn bis in den Nacken – sowie hinter die Ohren, und reinige ebenfalls die Innenseiten der Ohren;

7. wasche die Füße bis zu den Knöcheln jeweils dreimals, vor allen Dingen zwischen den Zehen – zuerst den rechten und dann den linken Fuß.

Sollten nach der Wudhu Socken angezogen werden, ist es bei einer folgenden Wudhu erlaubt, anstelle der Fußwaschung mit feuchten Fingern über sie hinwegzustreichen. Solange die Socken keine Löcher haben, besteht keine Notwendigkeit, sie zu jeder neuen Wudhu auszuziehen. Allerdings ist es notwendig, daß die Füße nach einem Zeitraum von vierundzwanzig Stunden wieder für die Wudhu gewaschen werden müssen. Ist jemand jedoch auf einer Reise, mag er diese Praxis (mit den feuchten Fingern über sie hinwegzustreichen) die folgenden drei Tage einhalten.

GEBETE WÄHREND DER WUDHU

Der Heilige Prophet Mohammed (s) lehrte: »Das Tor zum
Paradies ist das Gebet, und das Tor zum Gebet ist die Waschung«. In der Überlieferung, die der Mudschadidd[5] seiner Zeit, Al-Ghazzali (r)[6], in seinem Buch »Geheimnisse
der Waschung« wiedergibt, sind die folgenden Gebete angeführt, die während der einzelnen Waschungen gebetet
werden sollten.

1. *Vor der Waschung:*
»Im Namen Allahs, des Gnädigen, des Immer Barmherzigen. Friede und Segnungen Allahs seien auf dem Heiligen
Propheten Mohammed. Ich nehme Zuflucht bei Allah vor
den Kräften der Satane; ich nehme Zuflucht bei Dir, damit
sie nicht kommen und mich umringen.«

2. *Beim Reinigen der Hände:*
»O Allah, ich bitte Dich um Glück und Segnungen, und ich
nehme Zuflucht bei Dir vor Unglück und Zerstörung.«

3. *Beim Ausspülen des Mundes:*
»O Allah, hilf mir, Dein Buch zu rezitieren und Deinen Namen zu verherrlichen.«

4. *Beim Einziehen des Wassers in die Nase:*
»O Allah, gewähre mir den Duft des Paradieses und sei
gnädig mit mir.«

5. *Beim Ausschnauben der Nase:*
»Ich nehme Zuflucht (bei Allah) vor dem Gestank der
Hölle und den Übeln der Welt.«

6. *Beim Reinigen des Gesichts:*
»O Allah, reinige Du mein Gesicht mit Deinem Licht, wie Du die Gesichter Deiner Heiligen reinigst, und schwärze mein Gesicht nicht mir Deiner Dunkelheit, wenn Du die Gesichter Deiner Feinde schwärzt.«

7. *Beim Waschen des rechten Arms:*
»O Allah, gib mir das Buch meiner Taten am Tage des Gerichts in die rechte Hand und beurteile mich mit Nachsicht.«

8. *Beim Waschen des linken Arms:*
»O Allah, gib mir mein Buch am Tage des Gerichts nicht in die linke Hand und bewahre mich vor Bestrafung.«

9. *Beim Streichen der Hände über den Kopf:*
»Bedecke mich mit Deiner Barmherzigkeit und gewähre mir Deine Segnungen, und laß mich im Schatten Deines Thrones sitzen dann, wenn es keinen Schatten gibt außer Deinem«.

10. *Beim Reinigen der Ohren:*
»O Allah, laß mich zu einem derjenigen werden, die nach dem Besten handeln, was sie hören, und laß mich den Rufer zum Paradies hören zusammen mit den Rechtschaffenen.«

11. *Beim Reinigen des Nackens:*
»Beschütze mich vor Deiner Bestrafung, und befreie mich von den Fesseln und Ketten (der Abhängigkeiten).«

12. *Beim Reinigen des rechten Fußes:*
»»Oh Allah, festige meinen Schritt auf der engen Brücke an dem Tag, wenn die Füße in die Hölle rutschen.«

13. *Beim Reinigen des linken Fußes:*
»O Allah, ich suche Deine Hilfe, damit meine Füße nicht
ausrutschen, wenn die Füße der Heuchler ausrutschen.«

14. *Nach der Waschung:*
»Ich bezeuge, daß niemand anbetungswürdig ist außer Allah, und daß Mohammed Sein Gesandter ist. Subhanallah,
al-hamdulillah, es ist kein Gott außer Allah und Er ist der
Größte. Ich habe Übles getan und gegen meine Seele gesündigt. Ich erbitte Verzeihung von Dir und flüchte mich zu
Dir zurück. Vergib mir deswegen meine Sünden und sei mir
gnädig, denn Du bist der Vergebungsreiche, der Barmherzige. Mach mich reuig, o Allah, und mach mich rein. Gewähre mir, unter Deinen rechtschaffenen Dienern zu sein,
und gewähre mir, geduldig und dankbar zu sein. Hilf mir,
mich immer Deines Namens zu erinnern und Dich Tag und
Nacht zu verherrlichen.«

TAYAMUMM

Eine der Schönheiten des Islams ist es, daß er unter allen
Umständen praktiziert werden kann. Es ist eine Religion,
die niemanden überfordert, wobei dieses Prinzip bei allen
Geboten vorherrschend ist.

Aus diesem Grund ist es jemandem, der krank ist, oder
dann, wenn kein Wasser vorhanden ist, erlaubt, Tayamumm anstatt der Wudhu zu machen. Tayamumm wird
verrichtet, indem man die Hände über eine Stelle mit sau-
berem Sand o.ä. streicht, und dann mit den Händen über
das Gesicht und die Unterarme reibt. Während des Tayamumm sollte das folgende Gebet gesprochen werden.

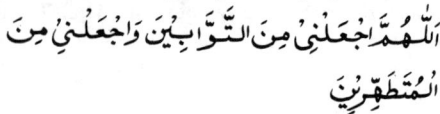

Lautschrift: Allahhummadschalnie minattawabiina
wadschalnie minal motatahiriin.

d.h.
»O Allah. Mach mich zu einem derjenigen, die ihre Sünden
bereuen, und zu einem derjenigen, die sich rein und sauber-
halten.«

WANN EINE NEUE WASCHUNG ERFORDERLICH IST

Es ist gestattet, alle täglichen Gebete mit einer Wudhu zu verrichten, vorausgesetzt, daß diese nicht ungültig geworden ist. Die folgenden Umstände führen zum Verlust der Gültigkeit.

1. Wenn man vom Abtritt kommt oder Wind gelassen hat;

2. falls jemand in der Zwischenzeit geschlafen hat oder auch nur gegen eine Wand oder auf ein Kissen gelehnt döste;

3. nach dem Aufwachen aus Bewußtlosigkeit;

4. wenn jemand eine Verletzung erlitt und aus der Wunde Blut floß;

5. nach Erbrechen;

6. nach Geschlechtsverkehr oder einem feuchten Traum ist es notwendig, entweder ein Bad zu nehmen oder zu duschen.

Frauen sollen während ihrer Menstruationsphase das Sala'at nicht verrichten. Nach der Periode sollen sie sich durch ein Bad mit Wudhu reinigen.

ASAN – DER GEBETSAUFRUF

Den fünf gemeinsamen Gebeten müssen der Asan und das
Ikamat vorangehen. Asan bedeutet »der Aufruf zum Ge-
bet«. Der Muezzin[7] wendet sich in die Richtung der
Ka'aba[8] und ruft die Worte des Asan.

Es wird berichtet, daß der Heilige Prophet (s) darüber
nachdachte, irgendeine Methode einzuführen, mit der die
Gläubigen zum Gebet gerufen werden könnten. Die Juden
und Christen benutzten für diesen Zweck Musikinstrumente, so gaben die Gefährten ihre Meinung zu ihren Gunsten ab. Während die Angelegenheit immer noch diskutiert
wurde, träumte ein Muslim die Worte des Asan. Nachdem
er aufgewacht war, ging er zum Propheten und erzählte ihm
seinen Traum. Der Heilige Prophet (s) befahl daraufhin
Hazrat Bilal, die Gläubigen in denselben Worten zum Gebet zu rufen, die dem Muslim während seine Traumes ge-
lehrt wurden.

Der Asan besteht aus den folgenden Redewendungen, die
vom Muezzin mit lauter Stimme gerufen werden, wobei das
Gesicht der Ka'aba zugewendet ist, und er beide Hände an
die Ohren hebt.

اَللَّهُ اَكْبَرُ اَللَّهُ اَكْبَرُ اَللَّهُ اَكْبَرُ اَللَّهُ اَكْبَرُ ـ اَشْهَدُ اَنْ لَّا اِلَهَ

اِلَّا اللَّهُ ـ اَشْهَدُ اَنْ لَّا اِلَهَ اِلَّا اللَّهُ ـ اَشْهَدُ اَنَّ مُحَمَّدًا رَّسُوْلُ

اللَّهِ ـ اَشْهَدُ اَنَّ مُحَمَّدًا رَّسُوْلُ اللَّهِ ـ حَيَّ عَلَى الصَّلوةِ ـ حَيَّ

عَلَى الصَّلوةِ ـ حَيَّ عَلَى الْفَلَاحِ حَيَّ عَلَى الْفَلَاحِ ـ اَللَّهُ اَكْبَرُ

اَللَّهُ اَكْبَرُ لَا اِلَهَ اِلَّا اللَّهُ ـ

<u>Lautschrift</u>: Allaho-akbar, Allaho-akbar.
Allaho-akbar, Allaho-akbar,
Aschado-allaa Illaha illalah,
Aschado-allaa Illaha illalah,
Aschado-anna, Muhammadar-Raßulullah,
Aschado-anna, Muhammadar-Raßulullah,
Hayya-ala-s-salah, Hayya-ala-s-salah,
Hayya-ala-l-falah, Hayya-ala-l-falah,
Allaho-akbar, Allaho-akbar,
La-illaha-illalah.

d.h.
»Allah ist der Größte, Allah ist der Größte; Allah ist der
Größte, Allah ist der Größte. Ich bezeuge, daß niemand
anbetungswürdig ist außer Allah. Ich bezeuge, daß nie-
mand anbetungswürdig ist außer Allah. Ich bezeuge, daß
Mohammed der Gesandte Allahs ist. Ich bezeuge, daß Mo-
hammed der Gesandte Allahs ist. Kommt her zum Gebet!
Kommt her zum Gebet! Kommt her zum Erfolg! Kommt
her zum Erfolg! Allah ist der Größte, Allah ist der Größte.
Niemand ist anbetungswürdig außer Allah.«

Dem Asan des Morgengebets wird nach dem zweiten
»Hayya-ala-l-falah« die folgende Wendung hinzugefügt:

<u>Lautschrift</u>: Aßalahto Rhärum minna-nauum.

d.h.
»Das Gebet ist besser als der Schlaf.«

33

DAS GEBET NACH DEM ASAN

Nach dem Asan sollten der Muezzin sowie alle versammelten Mitglieder der Gemeinde bei sich das folgende Gebet
beten.

اَللّٰهُمَّ رَبَّ هٰذِهِ الدَّعْوَةِ التَّآمَّةِ وَالصَّلٰوةِ الْقَائِمَةِ
اٰتِ مُحَمَّدَ إِلْوَسِيْلَةَ وَالْفَضِيْلَةَ وَالدَّرَجَةَ الرَّفِيْعَةَ
وَابْعَثْهُ مُقَامًا مَحْمُوْدَ إِلَّذِىْ وَعَدْتَّهُ اِنَّكَ لَاتُخْلِفُ لِمِيْآ

Lautschrift: Allahumma rabba hasehidda 'wati-t-taamate,
              waßalatil ka-imati,
              aa'ti Mohammada-nil-waßiilata,
              wal-fasiilata,
              wadda-radschat-ar-rafe-ata,
              wab-'adh'ho makaam-am-machmuuda,
              nillasii wa'attahu,
              innaka laa turhleful-mi'aad.

d.h.
»Oh Allah! Der Du der Gebieter dieses vollkommenen
Aufrufs und des folgenden Gebetes bist. Verleihe Du Mohammed die Mittel, die Überlegenheit und hohe Würden,
und erhebe ihn zum höchsten Rang, den Du ihm versprochen hast. Wahrlich, Du brichst Deine Versprechen nicht.«

SALA'AT

Nachdem die Wudhu oder das Tayamumm verrichtet wurde, können wir mit dem Gebet anfangen. Dabei gibt es verschiedene Haltungen, die ein Muslim während des Gebets einnehmen muß. Er hat aufrecht zu stehen, sich zu verbeugen, danach niederzuwerfen, um schließlich das Gebet im Sitzen zu beenden.

Alle diese Haltungen verkörpern eine bestimmte Philosophie. Islam – und das ist eine feststehende Tatsache – hat all die verschiedenen Formen der Demut zu und in einem einzigen Gebet zusammengefaßt. So hat es Zeiten gegeben, da jemand sich vor Königen verbeugen mußte; und in einem muslimischen Gebet verbeugt man sich vor dem Allmächtigen. Die allergrößte Demutsbezeugung war es, sich vor Königen niederzuwerfen, wobei diese Art der Haltung sogar schon auf Bildern aus der Zeit der Pharaonen zu sehen ist. Deshalb hat der Islam durch Weisung Gottes dies ebenfalls in sein Gebet aufgenommen. Und so besteht das islamische Gebet aus den verschiedensten Arten der Demutsbezeugung gegenüber Gott, dem Allmächtigen.

Im folgenden werden schrittweise die Gebetshaltungen sowie der dazugehörige Wortlaut beschrieben.

Das Takbir zum Gebetsanfang.

1. Qijam, oder die erste stehende Haltung.

Ruku, oder die verbeugende Haltung.

2. Qijam Saaniya, oder die zweite stehende Haltung.

Sadschda, oder die Niederwerfung.

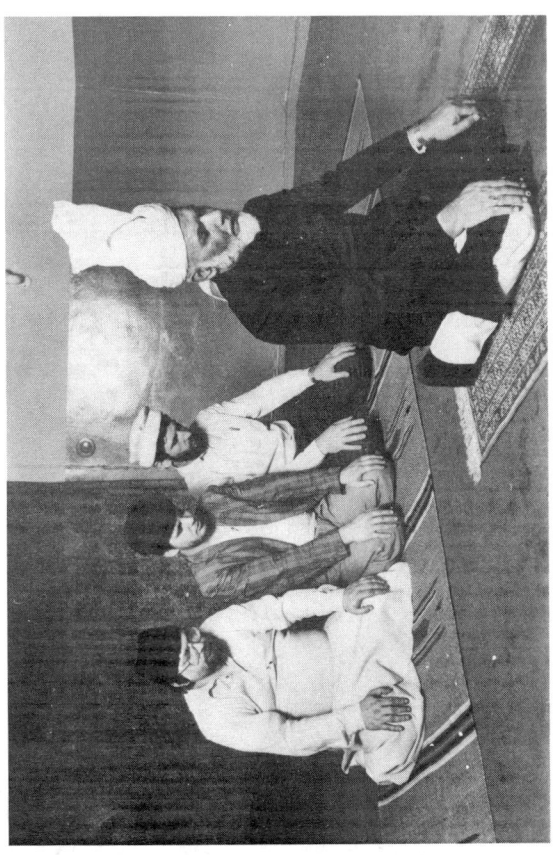

Qu'uud-Bäinas-Sadschdatän, oder die sitzende Haltung zwischen den beiden Sadschdas.

41

Taschahud-Qu'uud, oder die sitzende Haltung mit dem erhobenen Zeigefinger der rechten Hand.

Taslīm, oder die Beendigung des Gebets.

Taslīm, oder der Gebetsschluß.

IKAMAT

Im gemeinsamen Gebet stellt die Gemeinde sich in geordneten Reihen hinter dem Imam[9] auf. Dann spricht bevorzugterweise der Muezzin, der in der ersten Reihe direkt hinter dem Imam stehen sollte, die Worte des Ikamat. Nehmen an dem Gebet nur zwei Personen teil, steht derjenige, der das Ikamat rezitiert, auf der rechten Seite. Das Ikamat ist ein verkürzter Asan, d.h. jeder Satz des Asan wird hier nur einmal gesprochen, außer denen, die sowieso nur einmal ausgerufen werden, so zum Beispiel »La illaha Illallah«.

Selbstverständlich werden auch die Worte ausgelassen, die im Asan des Morgengebets zusätzlich dazukommen, d.h. »Aßalahto Rhärum minna-nauum«.

Indes wird nach dem zweiten »Hayya-ala-l-falla« die folgende Wendung hinzugefügt:

Lautschrift: Katt Kama tissalat,

d.h.
»Jetzt beginnt das Gebet«

NIAT

Nach dem Ikamat rezitieren wir das Dua[10] Niat.

$$اِنِّى وَجَّهْتُ وَجْهِى لِلَّـذِى فَطَرَالسَّـمٰوٰتِ وَالْاَرْضَ حَنِيفاً$$

$$وَّمَااَنَا مِنَ الْمُشْرِكِينَ$$

<u>Lautschrift</u>: Inni wadschatu wadsch-heja lilla si,
fatarassamawate whalarsa hanifan,
wama ana minal muschrikin.

d.h.
»Ich habe mein Gesicht in die Richtung des höchsten We-
sens gewandt, Das Himmel und Erde erschaffen hat, und
ich bin keiner der Polytheisten.«[11]

TAKBIR

Dann berühren wir mit unseren Händen kurz die Ohren
und sagen:

اَللهُ اَكْبَرُ

Lautschrift: Allaho-akbar.

d.h.
»Allah ist der Größte«

Dieses »Allaho-akbar« am Gebetsanfang wird als Takbir
bezeichnet.

Jetzt verschränken wir unsere Arme vor der Brust, wobei
der rechte immer über dem linken liegt. Diese Haltung
heißt im arabischen »Qijam« (stehende Haltung).

S'SANA

Nach dem Takbir rezitieren wir das folgende Gebet, das auf
arabisch S'sana heißt.

سُبْحَنَكَ اللّٰهُمَّ وَبِحَمْدِكَ وَتَبَارَكَ اسْمُكَ وَتَعَالٰى
جَدُّكَ وَلَا اِلٰهَ غَيْرُكَ ○

Lautschrift: Subhanakalla
              humma wa behamdeka
              wa tabarak-aßmuka,
              wa ta-'ala dschadduka,
              wa laa Illaha ghäroka.

d.h.
»Alle Herrlichkeit gebührt Dir, o Allah, und gesegnet ist
Dein Name, und erhaben ist Deine Majestät, und niemand
ist anbetungswürdig außer Dir.«

TA'AWUZ

Wir fahren fort mit der Ta'awuz.

اَعُوذُ بِاللهِ مِنَ الشَّيْطٰنِ الرَّجِيمِ ۝

<u>Lautschrift</u>: Au'ouso billahe
min-asch-scheitani-r-radschiim.

d.h.
»Ich suche Zuflucht bei Allah vor Satan, dem Verfluchten.«

TASMIYYA und SURA AL-FĀTEHA

Wir fahren fort mit dem Tasmiyya, das gleichzeitig fester
Bestandteil der Sura Al-Fāteha[12] ist.

بِسْمِ اللهِ الرَّحْمنِ الرَّحِيمِ ۞

Lautschrift: Bismillahi-r-rachmanir Rahiim.

d.h.
»Im Namen Allahs, des Gnädigen, des Immer Barmherzigen«.

Daran anschließend rezitieren wir den restlichen Teil der
Sura Al-Fāteha.

الْحَمْدُ لِلّهِ رَبِّ الْعَلَمِينَ ۞ الرَّحْمنِ الرَّحِيمِ ۞ مَالِكِ
يَوْمِ الدِّينِ ۞ اِيَّاكَ نَعْبُدُ وَاِيَّاكَ نَسْتَعِينُ ۞ اِهْدِنَا
الصِّرَاطَ الْمُسْتَقِيمَ ۞ صِرَاطَ الَّذِينَ اَنْعَمْتَ عَلَيْهِمْ
غَيْرِالْمَغْضُوبِ عَلَيْهِمْ وَلَا الضَّآلِّينَ ۞ اٰمِينَ

<u>Lautschrift</u>: Alhamdo lillahi rabbil-alamiin.
Ar-rachmani-r-rahiim.
Maleke yaumiddiin.
Eyyaka na'bodo wa iyyaka nasta 'iin.
Ihdenasserat-al-mustakiim.
Seraatallasina an-'amta aläihim,
Rhäril-maghsubi aläihim wa-alas-soaliin.
(Amiin).

d.h.

»Aller Preis gehört Allah, dem Herrn der Welten, dem Gnädigen, dem Barmherzigen, dem Meister des Gerichtstages. Dir allein dienen wir, und zu Dir allein flehen wir um Hilfe. Führe uns den geraden Weg, den Weg derer, denen Du Gnade erwiesen hast, die nicht Dein Mißfallen erregt haben und die nicht irregangen sind.«

SURA AL-ICHLĀS

Dann beten wir die 112te Sure des Qurans, Al-Ichlās:

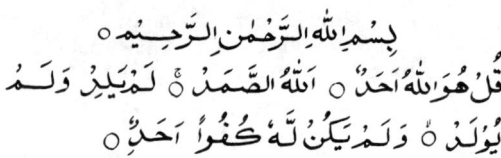

Lautschrift: Kull howallaho Ahad, Allahus-Samad,
lam ja-lid wa lam juulad,
wa lam ja-kullahu kufuwan ahad.

d.h.
»Sprich: »Er ist Allah, der Einzige; Allah, der Unabhän-
gige und von allen Angeflehte. Er zeugt nicht und ward
nicht gezeugt; und keiner ist Ihm gleich.«

Anstelle der Sura Al-Ichlās kann auch jeder andere beliebige Teil aus dem Heiligen Quran rezitiert werden.

RUKU, QIJAM SAANIYA, SADSCHDA, QU'UUD BÄINAS-SADSCHDATÄN und SADSCHDA SAANIYA

Wir sagen »Allaho-akbar« und begeben uns in die Haltung der Ruku (verbeugende Haltung), d.h. wir verbeugen uns, wobei die Hände auf die durchgedrückten Knie gelegt werden. Wir rezitieren den folgenden Text beliebig oft, jedoch immer eine ungerade Anzahl von Malen, und mindestens dreimal.

سُبْحَانَ رَبِّيَ الْعَظِيمِ ۔

Lautschrift: Subhana Rabbiyal Asiim.

d.h.
»Gepriesen sei mein Herr, der Größte«.

Nach dieser Rezitation stellen wir uns wieder aufrecht hin, wobei die Arme herunterhängen. Diese Haltung heißt Qijam Saaniya (die zweite stehende Haltung). Wir rezitieren folgenden Text.

سَمِعَ اللّٰهُ لِمَنْ حَمِدَهْ ط رَبَّنَا وَلَكَ الْحَمْدُ
حَمْدًا كَثِيرًا طَيِّبًا مُبَارَكًا فِيهِ ۔

Lautschrift: Same allaho leman hamedah.
Rabanna wa lakal hamd,
hamdan kasiiran tayyeban mubarakan fih.

53

d.h.
»Allah hört das Gebet dessen, der Ihn preist. O unser Herr, Dir gebührt aller Preis, großer Preis, reiner Preis, voller Segnungen.

Wir sagen wieder »Allaho-akbar«, und begeben uns in die Haltung der Sadschda (Niederwerfung). In dieser Haltung berühren die Stirn, die Nase, beide Handflächen, die Knie sowie die Zehen den Boden. Es ist darauf zu achten, daß die Ellbogen nicht den Boden berühren. Dies ist sehr unerwünscht. Natürlich aber mag jemand, der müde ist, seine Ellbogen auf die Oberschenkel aufstützen. Der folgende Text kann beliebig oft rezitiert werden, jedoch immer nur eine ungerade Anzahl von Malen, und mindestens dreimal.

$$ سُبْحَانَ رَبِّيَ الْاَعْلَى ۔ $$

<u>Lautschrift</u>: Subhana rabbijal a'ala.

d.h.
»Gepriesen sei mein Herr, der Höchste.«

Es folgt wieder »Allaho-akbar«, und wir begeben uns in die Haltung der Qu'uud-Bäinas-Sadschdatän (die sitzende Haltung zwischen zwei Sadschdas). Hierbei sitzen wir auf unserem linken Fuß, während die Zehen des rechten Fußes weiterhin den Boden berühren und nach vorne in Richtung Mekka zeigen und die Hände auf den Knien liegen. Wir verbleiben eine Weile in dieser Haltung und rezitieren das folgende Gebet:

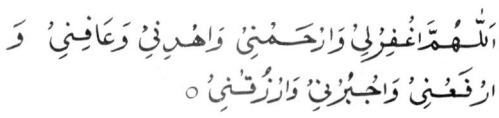

54

<u>Lautschrift</u>: Allahummach-fir-lii,
warham-nii wade-nii wa 'aafe-nii,
war faa-nii wadschburnii warsug-nii.

d.h.
»O Allah, verzeih mir und sei mir gnädig und führe mich
auf den geraden Weg. Bewahre mich und richte mich auf
und bessere mich und erhalte mich.

Danach rezitieren wir wieder »Allaho-akbar«, und begeben uns zum zweiten Mal in die Haltung der Niederwerfung, die diesmal Sadschda Saaniya (die zweite Niederwerfung) genannt wird. Während jeder Niederwerfung wird
genau derselbe Text wiederholt, genauso wie es zwischen
den beiden Niederwerfungen jeweils dasselbe Gebet ist,
das rezitiert wird.

Mit der Sadschda Saaniya ist eine Raka'at (ein Gebets-
durchgang) abgeschlossen. Wir stehen wieder auf zur Qijam und rezitieren »Allaho-akbar«. Diesmal heben wir die
Hände dabei nicht zu den Ohren, wie wir es am Anfang des
Gebets getan haben, indes verschränken wir die Arme wieder vor der Brust. Die Rezitation der zweiten Raka'at sowie die noch eventuelle folgender Raka'ats beginnt wieder
mit der Sura Al-Fāteha. Ikamat, Niat, S'sana und Ta'awuz
werden nur zu Anfang eines Gebets rezitiert.

Nach der Sura Al-Fāteha rezitieren wir wieder einen beliebigen Teil aus dem Heiligen Quran und beenden die zweite
Raka'at genauso wie die schon beschriebene erste Raka'at.

TASCHAHUD

Sollte das Gebet insgesamt nur aus zwei Raka'ats bestehen, stellen wir uns nach der Sadschda Saaniya der zweiten Raka'at nicht hin, sondern begeben uns wieder in die sitzende Haltung, in der wir das Taschahud beten.

$$التَّحِيَّاتُ لِلّٰهِ وَالصَّلَوٰتُ وَالطَّيِّبٰتُ السَّلَامُ عَلَيْكَ اَيُّهَا$$
$$النَّبِيُّ وَرَحْمَةُ اللّٰهِ وَبَرَكَاتُهُ السَّلَامُ عَلَيْنَا وَعَلٰى$$
$$عِبَادِ اللّٰهِ الصّٰلِحِينَ ط اَشْهَدُ اَنْ لَّا اِلٰهَ اِلَّا اللّٰهُ وَاَشْهَدُ$$
$$اَنَّ مُحَمَّدًا عَبْدُهُ وَرَسُولُهُ ط$$

Lautschrift: Attahiyyato lillahe
was-salawaato wa-tayyebato,
Assalamo aläika ayyuha-n'Nabiyyo
wa rachmat-ullahe wa barakaa tohuu.
Assalamo aläina wa alaa
ebadillahis ßoalehiin.
Asch-'hado alla ilaha illallaho
wadahu la scharika lahu,
wa asch hado annaa
Mohammadan abdohu wa raßulo.

d.h.
»Alles Zeugnis durch Wort, Tat und Spende gebührt Allah. Friede sei auf dir, o Prophet, und Allahs Segnungen und Seine Barmherzigkeit. Friede sei auf uns und allen guten Dienern Allahs. Ich bezeuge, daß niemand anbetungswürdig ist außer Allah, und ich bezeuge, daß Mohammed Sein

Diener und Sein Gesandter ist.«

Bei der Rezitation von »Asch-'hado alla ilaha illallaho« erheben wir zum Zeugnis den Zeigefinger der rechten Hand.

MAS'SURAH – SALAT'UL ALANNABI

Direkt an das Salat'ul Taschahud anschließend beten wir
das Mas'surah, das Gebet für den Heiligen Propheten Mohammed (s).

اَللّٰهُمَّ صَلِّ عَلٰى مُحَمَّدٍ وَعَلٰى اٰلِ مُحَمَّدٍ كَمَا صَلَّيْتَ
عَلٰى اِبْرَاهِيمَ وَعَلٰى اٰلِ اِبْرَاهِيمَ اِنَّكَ حَمِيدٌ مَجِيدٌ
اَللّٰهُمَّ بَارِكْ عَلٰى مُحَمَّدٍ وَعَلٰى اٰلِ مُحَمَّدٍ كَمَا بَارَكْتَ
عَلٰى اِبْرَاهِيمَ وَعَلٰى اٰلِ اِبْرَاهِيمَ اِنَّكَ حَمِيدٌ مَجِيدٌ

Lautschrift: Allahumma soalle alaa Mohammadin
wa alaa ale Mohammadin kamaa,
soalläita alaa Ibrahimaa
wa alaa ale Ibrahimaa innaka
Hamiid-um Madschiid.
Allahumma barik alaa Mohammadin
wa alaa ale Mohammadin kamaa,
barakta alaa Ibrahimaa
wa alaa ale Ibrahima innaka
Hamiid-um Madschiid.

d.h.
»O Allah, schütte Deine Gnade aus über Mohammed und
den Anhängern Mohammeds, so, wie Du über Abraham
und den Anhängern Abrahams Gnade ausschüttetest.
Wahrlich, Du bist Preiswürdig, Erhaben. O Allah, gib Mohammed Deinen Segen und den Anhängern Mohammeds,
so, wie Du Abraham und den Anhängern Abrahams Segen
gabst. Wahrlich, Du bist Preiswürdig, Erhaben.«

DUA-GEBETE, DIE NACH DEM MAS'SURAH GESPROCHEN WERDEN

Es war die Sunnat[13] des Heiligen Propheten Mohammed (s), nach dem Mas'surah weitere Dua-Gebete zu beten. Dabei hat er auf die folgenden drei Duas gesonderen Nachdruck gelegt. Zwei von ihnen stammen aus dem Heiligen Quran, das dritte Dua ist in allen bekannten A-Hadith-Sammlungen[14] zu finden.

Das erste Dua finden wir im Heiligen Quran in der Sura A-Baqarah, Vers 202.

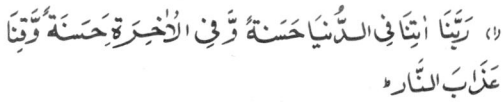

Lautschrift: Rabbanaa aatinaa fidduniyaa
haßanatan wa fil aacherate
haßanatan wa kinaa asaa banaar.

d.h.
»O Allah, beschere uns Gutes in dieser Welt und in der künftigen und bewahre uns vor der Pein des Feuers«.

Daran anschließend folgt das Dua aus der Sura Al-Ibrāhim, Verse 41 und 42.

رَبِّ اجْعَلْنِي مُقِيمَ الصَّلوةِ وَمِنْ ذُرِّيَّتِي ۚ
رَبَّنَا وَتَقَبَّلْ دُعَآءِ
رَبَّنَا اغْفِرْ لِي وَلِوَالِدَىَّ وَلِلْمُؤْمِنِينَ يَوْمَ
يَقُومُ الْحِسَابُ

Lautschrift: Rabiidsch-alnii Mokiimas Sala'ate
wa min surrijjatii,
Rabbanaa wa takabbal do'aa,
Rabbanachfir-lii wa le'wa'aledayya,
wa lil Mo'meniina yauma
jakuumul hißaab.

d.h.
»Mein Herr, mache, daß ich und meine Kinder das Gebet verrichten. Unser Herr! Nimm mein Gebet an. Unser Herr, vergib mir und meinen Eltern und den Gläubigen am Tage, an dem die Abrechnung stattfinden wird.«

Nun können wir auch noch das folgende Dua rezitieren:

اَللّٰهُمَّ اِنِّي ظَلَمْتُ نَفْسِي ظُلْمًا كَثِيرًا وَلَا
يَغْفِرُ الذُّنُوبَ اِلَّا أَنْتَ فَاغْفِرْ لِي مَغْفِرَةً
مِّنْ عِنْدِكَ وَارْحَمْنِي اِنَّكَ أَنْتَ الْغَفُورُ
الرَّحِيمُ

<u>Lautschrift</u>: Allahumma inii salamto nafßii,
sulman kasiran fa laa jachfirus
sunuuba illaa anta fachfirh-lii,
machfiratam min indeka warhamnii,
innaka antal rhafuurur Rahiim.

d.h.
»O Allah, ich habe meiner Seele großes Unrecht angetan,
und niemand vergibt die Sünden außer Dir. Gewähre mir
Vergebung von Dir, und habe Gnade mit mir. Wahrlich,
Du bist der All-Verzeihende, der Immer Barmherzige.«

Selbstverständlich können Gott hier weitere Dua-Gebete
in beliebiger Anzahl vorgetragen werden.

TASLĪM und DER GEBETSSCHlUSS

Nach Beendigung des letzten Dua-Gebets sprechen wir das Taslīm:

اَلسَّلَامُ عَلَيْكُمْ وَرَحْمَةُ اللّٰهِ

<u>Lautschrift:</u> Assalamo aläikum
                    wa Rachmatullah.

d.h.
»Friede sei auf euch und Allahs Gnade«.

Hier wenden wir unseren Kopf erst nach rechts und dann nach links, während wir dabei jeweils den obigen Text sprechen. Damit ist das aus zwei Raka'ats bestehende Gebet beendet.

Besteht das Gebet jedoch aus drei oder vier Raka'ats, bleiben wir nach der zweiten Niederwerfung sitzen, bis wir das Taschahud zu Ende gebetet haben. Dann stehen wir wieder auf zur Qijam, verschränken unsere Arme, und beginnen unsere dritte Raka'at wieder mit der Rezitation der Sura Al-Fāteha.

An dieser Stelle soll daran erinnert werden, daß wir, falls unser Gebet ein Sunnat-Gebet ist, nach der Sura Al-Fāteha wieder einen Teil aus dem Heiligen Quran rezitieren sollten, und uns dann erst zur Ruku verbeugen, während wir uns in einem Farz-Gebet[15] gleich nach der Sura Al-Fāteha in die Haltung der Ruku begeben. Im Falle des Witr-Gebets müssen wir nach der Sura Al-Fāteha ebenfalls einen Teil aus dem Heiligen Quran rezitieren. Dies bezieht sich auch auf die jeweils dritte und/oder vierte Raka'at eines Gebets.

Besteht das Gebet nun aus drei Raka'ats, begeben wir uns nach der zweiten Niederwerfung wieder in die sitzende Haltung, rezitieren das Taschahud, das Mas'surah sowie die entsprechenden Dua-Gebete, und beenden das Gebet wieder mit »Assalamo aläikum wa Rachmatullah«.

Besteht das Gebet aus vier Raka'ats, stehen wir nach der zweiten Niederwerfung wieder auf, beginnen wieder mit der Rezitation der Sura Al-Fāteha, und beenden unser Gebet dann so, wie wir es nach der zweiten oder dritten Raka'at gemacht hätten.

WITR und das DUA QUNUT

Das Witr-Gebet besteht aus drei Raka'ats, und ist ein fester Bestandteil des Ischa-Gebets. Es unterscheidet sich dadurch, daß nach der Ruku in der dritten Raka'at das folgende Dua Qunut hinzugefügt wird.

اَللّٰهُمَّ اِنَّا نَسْتَعِيْنُكَ وَنَسْتَغْفِرُكَ وَنُؤْمِنُ بِكَ
وَنَتَوَكَّلُ عَلَيْكَ وَنُثْنِىْ عَلَيْكَ الْخَيْرَ وَنَشْكُرُكَ وَلَا
نَكْفُرُكَ وَنَخْلَعُ وَنَتْرُكُ مَنْ يَفْجُرُكَ ، اَللّٰهُمَّ اِيَّاكَ
نَعْبُدُ وَلَكَ نُصَلِّى وَنَسْجُدُ وَاِلَيْكَ نَسْعٰى وَنَحْفِدُ
وَنَرْجُوْا رَحْمَتَكَ وَنَخْشٰى عَذَابَكَ اِنَّ عَذَابَكَ
بِالْكُفَّارِ مُلْحِقٌ ،

Lautschrift: Allahumma innaa nasta-e'inuka,
wa nastachfiruka,
wa numinobika wa nata'wakkalu alaika
wa nosnii aläikal-rhaira,
wa naschkoroka wa laa nakforoka,
wa nachlaho
wa natruko-man-jafdschoroka.
Allahumma ijjaka-nabudo,
wa laka nussallie wa nasdschodo,
wa ilaika naß'a wa naafido,
wa narjuu rahmataka,
wa nakhscha asabaka inna
asabaka bil-kuffaremulhiq.

64

d.h.

»O Allah, wir erflehen Deine Hilfe und bitten Dich um Deinen Schutz und glauben an Dich und vertrauen auf Dich und lieben Dich aufs Beste, und wir danken Dir und sind nicht undankbar Dir gegenüber und sagen uns los von jenen und verlassen jene, die Dir nicht gehorchen. O Allah, Dir allein dienen wir, und zu Dir allein beten wir, und Dir allein huldigen wir, und zu Dir fliehen wir und wir sind schnell darin und hoffen auf Deine Gnade und fürchten Deine Züchtigung, denn wahrlich, Deine Züchtigung überkommt die Ungläubigen.«

DUA-GEBET DER VERZEIHUNG, WORTE DER VERHERRLICHUNG sowie das TAHLIHL

Nach jedem Farz-Gebet bleiben wir für eine Weile sitzen und rezitieren mindestens dreimal das folgende Dua um Verzeihung.

أَسْتَغْفِرُاللهَ رَبِّي مِنْ كُلِّ ذَنْبٍ وَاَتُوْبُ اِلَيَه

Lautschrift: Astafarullah rabbimiin
              kulle sambin wa atubo eläihii.

d.h.
»Ich bitte Allah um Verzeihung und wende mich zu Ihm in Reue.«

Danach rezitieren wir die folgenden Worte zur Verherrlichung Allahs, des Allmächtigen. Und zwar jeweils dreiunddreißigmal. »Subhanallah« und »Al-hamdolillah« sowie vierunddreißigmal »Allaho-akbar«.

Daran anschließend beten wir zehnmal das Tahlihl, den ersten Teil des islamischen Glaubensbekenntnisses, »La illaha illallah«, »Es gibt keinen Gott außer Allah«.

ANORDNUNG DER RAKA'ATS

Eine Raka'at ist der komplette Durchgang der verschiedenen Gebetshaltungen, von der stehenden Haltung bis hin zur Niederwerfung. Wenn wir also zweimal gestanden haben, bedeutet dies, daß wir zwei Raka'ats beendet haben.

Die Anordnung der Raka'ats der verschiedenen Gebete ist wie folgt.

Gebet	Sunnat	Farz	Sunnat	Witr	Gesamt
Fadschr[a]	2	2	–	–	4
Suhar[b]	4	4	2 o. 4	–	10/12
Asr[c]	–	4	–	–	4
Maghrib[d]	–	3	2	–	5
Ischa[e]	–	4	2	3	9

a = Morgengebet; b = Mittagsgebet; c = Nachmittagsgebet; d = Abendgebet; e = Nachtgebet.

FARZ und SUNNAT

In der Anordnung der Raka'ats wurde für jedes Gebet eine bestimmte Anzahl von Raka'ats erwähnt. So zum Beispiel im Fadschr-Gebet, wo die Anzahl der Raka'ats zwei plus zwei ist, was in diesem Falle jeweils zwei Raka'ats Sunnat und zwei Raka'ats Farz bedeutet.

Die Farz ist der Teil des Gebets, der mit der Gemeinde hinter einem Imam und bevorzugterweise in der Moschee gebetet werden muß. Ebenso ist dieser Teil des Gebets derjenige, der unter allen Umständen gebetet werden muß.

Die Sunnat und das Witr sind die Teile des Gebets, die bevorzugterweise zu Hause gebetet werden sollten. Sollte jemand die Zeit zwischen zwei Gebeten in der Moschee verbringen, betet er seine Sunnat natürlich ebenfalls in der Moschee.

Sollten die Umstände jedoch so sein, daß man seine Gebete weder mit der Gemeinde noch in der Moschee beten kann, ist es erlaubt, auch die Farz für sich alleine zu beten. Betet man irgendeines der Gebete zu Hause, sollte man besser seine Frau, seine Kinder oder irgendeine andere zur Zeit anwesende Person zum Gebet rufen, um es gemeinsam darzubringen.

DIE GEBETSZEITEN

Alle fünf täglichen Gebete sollten getrennt voneinander und jeweils zu ihren entsprechenden Zeiten gebetet werden. Es kann jedoch vorkommen, daß dies nicht immer durchführbar ist. Aus diesem Grund können unter bestimmten Umständen das Suhar und das Asr sowie das Maghrib und das Ischa zusammengefaßt werden, was bedeutet, daß die fünf täglichen Gebete unter bestimmten Umständen zu nur drei verschiedenen Zeiten gebetet werden. Hinzu kommt, daß beim Zusammenziehen der Gebete jeweils nur die Farz – sowie beim Ischa selbstverständlich das Witr – der entsprechenden Gebete dargebracht werden. Die Zeiten sind wie folgt:

Fadschr: Die Zeit des Morgengebets beginnt etwa eineinviertel Stunden vor dem Sonnenaufgang, und dauert bis kurz vor Sonnenaufgang.

Suhar: Die Zeit des Mittagsgebets beginnt, wenn die Sonne ihren höchsten Stand überschritten hat, und dauert bis zum Asr.

Asr: Das Nachmittagsgebet sollte in der Mitte zwischen dem höchsten Stand der Sonne und dem Sonnenuntergang gebetet werden.

Maghrib: Das Abendgebet wird sofort nach dem Sonnenuntergang gebetet.

Ischa: Das Nachtgebet sollte etwa eineinviertel Stunden nach dem Maghrib, kann aber bis Mitternacht gebetet werden.

Es sollte immer daran gedacht werden, daß es während der folgenden Zeiten auf das Strengste verboten ist, das Sala'at zu beten.

1. Während der Zeit des Sonnenaufgangs;

2. nach dem Fadschr-Gebet bis zum Sonnenaufgang;

3. während die Sonne im Zenith[16] steht;

4. nach dem Asr-Gebet bis zum Sonnenuntergang;

5. während des Sonnenuntergangs.

GEBETE AUF REISEN

Wenn man sich auf einer Reise befindet, wird die Sunnat außer beim Fadschr-Gebet nicht gebetet. Außerdem werden die Raka'ats der Farz des Suhar-, Asr- und Ischa-Gebets auf jeweils zwei Raka'ats reduziert, sofern man alleine betet oder als Imam das Gebet leitet. Ist das letztere der Fall, beendet die Gemeinde, d.h. diejenigen der Gemeinde, die sich nicht auf einer Reise befinden, beim Taslīm des Imams das Gebet nicht, sondern steht wieder auf zu Qijam, und beschließt dann jeder für sich das Gebet mit den noch fehlenden Raka'ats. Betet man während einer Reise hinter einem Imam, müssen natürlich alle Raka'ats, die der Imam betet, ebenfalls mitgebetet werden.

Beträgt während einer Reise der Aufenthalt an einem Ort mehr als fünfzehn Tage, werden die Gebete vom sechzehnten Tag an wieder in ihrer ganzen Länge dargebracht.

DSCHUMU'AH – DAS FREITAGSGEBET

Das Dschumu'ah-Gebet wird anstelle des Suhar-Gebets gebetet. Es besteht aus nur zwei Farz-Raka'ats anstatt der gewöhnlichen vier des Suhar-Gebets und wird niemals allein, sondern immer mit der Gemeinde dargebracht.

Bevor der Imam mit dem Gebet beginnt, hält er eine Chutba (Predigt), die sich auf jedes beliebige islamische Thema oder jede gegenwärtige Angelegenheit beziehen kann.

Für das Dschumu'ah-Gebet gibt es zwei Gebetsaufrufe. Der erste ist der normale Asan, der zum Gebet aufruft, der zweite Asan wird gerufen, bevor der Imam aufsteht, um seine Chutba vorzutragen.

Nach dem zweiten Asan erhebt sich der Imam, wendet sich zur Gemeinde und beginnt, das folgende Gebet zu rezitieren.

أَشْهَدُ اَنْ لَآ اِلٰهَ اِلَّا اللّٰهُ وَحْدَهُ لَا شَرِيكَ لَهُ
وَأَشْهَدُ أَنَّ مُحَمَّدًا عَبْدُهُ وَرَسُولُهُ اَمَّا
بَعْدُ فَاَعُوذُ بِاللّٰهِ مِنَ الشَّيْطٰنِ الرَّجِيـــمِ
بِسْمِ اللّٰهِ الرَّحْمٰنِ الرَّحِيمِ

<u>Lautschrift:</u> Asch'hado alla illaha illa-llaho
wadahuu laa scharika lahuu,
wa asch'hado anna
Mohammadan abduhuu wa raßuluu,
amma badofa aousu billahe
mina-schaitoanir-radschiim,
Bismallahi-r-rachmanir Rahiim.

d.h.
»Ich bezeuge, daß niemand anbetungswürdig ist außer Allah, dem Einzigartigen, Der keinen Partner hat, und ich bezeuge, daß Mohammed Sein Diener und Sein Gesandter
ist. Ich suche Zuflucht bei Allah vor Satan, dem Verfluchten, und ich beginne im Namen Allahs, des Gnädigen, des
Immer Barmherzigen.«

Daran anschließend rezitiert der Imam die restlichen Verse
der Sura Al-Fāteha sowie einen beliebigen Teil aus dem
Heiligen Quran, auf dem seine Chutba beruhen soll. Hat er
seine Chutba beendigt, die in jeder Sprache gehalten werden kann, setzt der Imam sich für eine kurze Weile nieder,
steht dann wieder auf und rezitiert das folgende.

اَلْحَمْدُ لِلّٰهِ نَحْمَدُهُ وَنَسْتَعِيْنُهُ وَنَسْتَغْفِرُهُ وَنُؤْمِنُ
بِهِ وَنَتَوَكَّلُ عَلَيْهِ وَنَعُوْذُ بِاللّٰهِ مِنْ شُرُوْرِ اَنْفُسِنَا وَ
مِنْ سَيِّاٰتِ اَعْمَالِنَا مَنْ يَهْدِهِ اللّٰهُ فَلَا مُضِلَّ لَهُ وَمَنْ
يُضْلِلْهُ فَلَا هَادِيَ لَهُ وَ نَشْهَدُ اَنْ لَّا اٰلٰهَ اِلَّا اللّٰهُ وَحْدُ
لَا شَرِيْكَ لَهُ وَنَشْهَدُ اَنَّ مُحَمَّدًا عَبْدُهُ وَرَسُوْلُهُ

73

عِبَادَ اللهِ رَحِمَكُمُ اللهُ إِنَّ اللهَ يَأْمُرُ بِالْعَدْلِ وَالإِحْسَانِ
وَإِيتَآءِ ذِى الْقُرْبَى وَيَنْهَى عَنِ الْفَحْشَآءِ وَالْمُنْكَرِ وَالْبَغْيِ
يَعِظُكُمْ لَعَلَّكُمْ تَذَكَّرُونَ ٥ اُذْكُرُوا اللهَ يَذْكُرْ
كُمْ وَادْعُوهُ يَسْتَجِبْ لَكُمْ وَلَذِكْرُ اللهِ أَكْبَرُ

Lautschrift: Alhamdo lillahi, nahmaduhu,
wa nasta'iinuhu wa nastachfiruhu
wa nomino bihii wa nata'wakkalo alä'ih.
wan a'ouso billahe
min schoruuri anfoßina,
wa min sayyi-ate a'amaalina
man yahdihillahu falaa musillallahu,
wa man yuslilho falaa-hadiha lah.
Wanasch 'hadu allaa ilaaha illallaho
wahdahuu laa scharika lahu
wa nasch 'hadu anna Muhammadan
abduhuu wa raßuuluh.
Ibadallahi! Rahimakumullaho!
Innallaha ya muru bil-adli wal 'ehßane,
wa i'etaa'e sil-kuba wa yanha anil-fascha'e,
wal munkare, wal bachjje,
ja esokum la'allakum tasakkaruun.
Uskorullah yaskorkum,
waduho yaßtadschib lakum,
wa lasikrullahi akbar.

d.h.

»Aller Preis gebührt Allah, wir preisen Ihn, wir flehen Ihn um Hilfe an und erbitten Seinen Schutz gegen das Böse und den Schaden an unseren Seelen und gegen die schlechten Folgen unserer Taten. Wen Er auf den rechten Pfad leitet, der kann von niemandem mißgeleitet werden; und wen Er als mißgeleitet erklärt, kann von niemandem rechtgeleitet werden. Und wir bezeugen, daß niemand anbetungswürdig ist außer Allah. Er ist Einzigartig und hat keinen Partner. Und wir bezeugen, daß Mohammed Sein Diener und Sein Gesandter ist. O Diener Allahs! Möge Allah euch gnädig sein! Wahrlich, Allah befiehlt euch, gerecht zu handeln, euch gegenseitig Wohltaten zu erweisen und den anderen Gutes zu tun, wie man es seinen Verwandten gegenüber tut; und (Er) verbietet das Böse, das sich gegen euch selbst richtet, sowie das Böse, das sich auf andere auswirkt, und (Er) verbietet die Auflehnung (gegen einen rechtmäßigen Gesetzgeber). Er warnt euch davor, unbedachtsam zu sein. Erinnert euch Allahs, und Er wird sich eurer erinnern; ruft Ihn an, und Er wird auf euren Ruf antworten. Und wahrlich, das Gedenken Gottes ist die höchste Tugend.«

Hiernach leitet der Imam das gemeinsame Gebet der anwesenden Gläubigen.

EINIGE WICHTIGE PUNKTE ZUR ERINNERUNG

1. Es ist während des Gebets verboten, umherzugucken. Der Blick sollte immer auf die Stelle der Niederwerfung gerichtet sein, außer während der Ruku, wo der Blick zwischen die Füße gerichtet wird.

2. Während des Gebets darf mit niemandem gesprochen und auch niemandem geantwortet werden.

3. Man sollte sich immer fest auf das Gebet konzentrieren, anstatt an andere Dinge zu denken, In einem Hadith[17] wird darüber folgendes berichtet: Der Muslim solle so zu Gott beten, als wenn er Ihn wirklich vor sich sähe. Ist ihm das nicht möglich, sollte er sich wenigstens vorstellen, daß Gott ihn sieht.

4. Ganz besonders ist darauf zu achten, daß sich in der stehenden Haltung die Schultern der Betenden berühren.

5. Es ist verboten, direkt vor jemandem, der betet, vorbeizugehen. Man sollte jeden, der dies versucht, daran hindern.

6. Man sollte immer versuchen, die Moschee rechtzeitig zum Gebet zu erreichen. Sollte es jedoch passieren, daß man zu spät kommt, soll man gemessenen Schrittes zum Gebet hinzutreten, und nicht hinzueilen oder hinzurennen.

7. Kommt man zu einem gemeinsamen Gebet, nachdem schon einige der Raka'ats gebetet wurden, sollte man das Gebet nicht mit den anderen zusammen abschlie-

ßen, sondern dann, nachdem die anderen »Assalamo aläikum...« gesagt haben, ohne sein Gebet zu unterbrechen, wieder aufstehen, und es beenden, indem man jene Raka'ats nachholt, die man versäumt hat. Im Falle, daß z.B. das Suhar- und Asr-Gebet oder das Maghrib- und Ischa-Gebet zusammengebetet werden, und jemand erst während des Asr- oder Ischa-Gebets hinzukommt, selbst aber das Suhar- oder Maghrib-Gebet noch nicht dargebracht hat, muß er erst das Suhar- oder Maghrib-Gebet beten, bevor er am gemeinsamen Gebet teilnehmen kann.

SADSCHDA TILAWAT

Rezitiert der Imam oder liest man selbst eine der Stellen des Heiligen Qurans, in denen steht: »Werfe dich nieder...«, muß jeder Muslim an dieser Stelle eine Niederwerfung ausführen. In dieser Sadschda wird das folgende Gebet rezitiert.

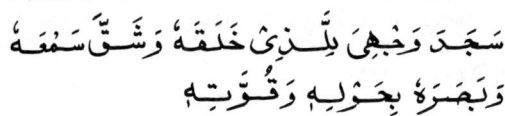

<u>Lautschrift:</u> Sadschada wadsch-hiya lillasii
khalakahuu wa schakka-ßam'ahu
wa basoarahu
behaulehi wa ku-watehi.

d.h.
»Mein Gesicht wirft sich nieder vor dem Gott, Der es geschaffen hat, und Der die Augen und die Ohren mit Seiner Kraft und Stärke hervorgebracht hat.«

IM ISLAM GIBT ES KEINE PRIESTERSCHAFT

Es gibt im Islam keine verordnete Priesterschaft. Aus diesem Grund kann jeder Muslim Imam sein und eine Predigt halten. Es liegt an den Mitgliedern einer Gemeinde, daß sie einen Imam bestimmen, der ein größeres Wissen über die Religion und den Heiligen Quran besitzt als die übrigen Muslime. Kann dieser Imam nicht anwesend sein, kann jeder aus dieser Gemeinde das Gebet leiten. Es gibt keine bestimmte Kleidung, die vom Imam oder den Mitgliedern der Gemeinde zum Gebet getragen werden müßte. Jede Art von Kleidung, die sauber ist, und keine Behinderung während der Ausübung des Gebets darstellt, ist erlaubt. Es gibt keine Beichte vor irgendeinem Menschen. Die einzige Beichte unserer Sünden ist an unseren Herrn zu richten, an unseren Schöpfer, und zwar in aller Zurückgezogenheit. Islam ermutigt nicht und unterstützt nicht das öffentliche Bekenntnis der eigenen Schwächen.

DIE BEDEUTUNG EINER MOSCHEE

Eine Moschee ist ein der Anbetung Gottes geweihter Ort.
Den Muslimen ist es auferlegt, ihre fünf täglichen Gebete
in der Moschee mit der Gemeinde darzubringen. Sollte es
für jemanden jedoch unmöglich sein, die Moschee bequem
zu erreichen, oder es in der Gegend keine Moschee gibt
oder die Fahrt zur Moschee unsicher sein, ist es erlaubt zu
beten, wo immer man möchte. Es wird berichtet, daß der
Heilige Prophet (s) gesagt hat, daß für die Muslime die
ganze Erde zu einer Moschee gemacht worden ist. Und
wiederum ist das eine der Einzigartigkeiten im Islam, daß
er seine Anhänger nicht an einen bestimmten Ort der Anbetung fesselt, sondern ihnen erlaubt, an jedem ihnen be-
quemen Ort zu beten, falls es ihnen unmöglich ist, eine Moschee zu besuchen.

EINIGE PUNKTE ZUR ERINNERUNG ÜBER DIE MOSCHEE

1. Eine Moschee ist ein Ort der Anbetung Gottes. Daher ist es zutiefst unerwünscht, weder in noch außerhalb der Moschee irgendeinen Lärm zu machen, der andere in ihren Gebeten stören könnte.

2. Während des Freitagsgebetes, wenn der Imam seine Predigt hält, sollte absolute Ruhe herrschen. Niemand sollte sprechen, und wenn es auch nur wäre, jemand anderem zu sagen, daß er still sein solle.

3. Eine Moschee muß immer saubergehalten werden. Und da während der Niederwerfung der Boden berührt wird, ist es notwendig, daß wir vor dem Betreten einer Moschee die Schuhe ausziehen.

4. Allen, die eine Moschee besuchen, wird geraten, sauber zu sein, und wenn möglich, Parfüm zu benutzen. Es ist wiederum zutiefst unerwünscht, daß jemand, der z.B. Knoblauch gegessen hat, die Moschee in solch einem Zustand betritt, es sei denn, er hat ein Mittel eingenommen, das den Geruch unterdrückt.

5. Spucken ist in der Moschee verboten.

6. Es soll in einer Moschee weder Bilder, Gemälde, Statuen oder Musikinstrumente geben, die die Konzentration der Gläubigen während des Gebets ablenken könnten.

7. In einer Moschee ist es verboten, verlorengegangene Dinge auszurufen.

8. Da eine Moschee ein Ort ist, der ausschließlich der Anbetung Gottes geweiht ist, sind dort jegliche (Werbe-)-Anzeigen sowie jeglicher Handel auf das Strengste verboten.

9. Eine Moschee sollte immer mit dem rechten Fuß betreten und mit dem linken Fuß wieder verlassen werden.

10. Beim Betreten einer Moschee sollte immer »Assolamo aläikum...« gesagt werden.

ÜBER DIE NAWAFFIL-GEBETE

Neben den fünf täglichen Pflichtgebeten gibt es noch weitere, die Nawaffil-Gebete genannt werden.

Diese sind keine obligatorische Gebete, doch bringen sie zusätzliche Segnungen Gottes. Man sollte immer versuchen, auch diese darzubringen. Sie bestehen aus jeweils zwei Raka'ats und können in beliebiger Anzahl gebetet werden.

TAHADSCHUD

Dieses Gebet wird während der frühen Morgenstunden gebetet, d.h. bevor die Zeit des Fadschr beginnt. Seine Zeit beginnt nach Mitternacht.

Es ist das allerwichtigste Gebet für den Fortschritt an Rechtschaffenheit. Vom Heiligen Propheten (s) wird berichtet, daß die Gebete desjenigen in schnellerem Maße angenommen würden, der dieses Gebet zu dieser Zeit der Nacht in aller Demut und Ernsthaftigkeit darbringt.

Das Tahadschud besteht aus bis zu acht Raka'ats und sollte bevorzugterweise zu Hause und allein gebetet werden. Es kann auch in der Moschee und zu bestimmten Anlässen auch mit einer Gemeinde dargebracht werden.

ISCHRAK

Dieses Gebet besteht aus zwei oder vier Raka'ats. Der Heilige Prophet Mohammed (s) pflegte es nach dem Sonnenaufgang zu beten.

SOHAA

Das Salat'ul Sohaa besteht aus zwei oder vier Raka'ats. Der
Heilige Prophet Mohammed (s) pflegte dieses Vormittags-
gebet um etwa 10 Uhr darzubringen.

TARAWI

Das Tarawi besteht aus insgesamt acht Raka'ats, von denen jeweils zwei zusammengebetet werden.

Dieses Gebet wird an jedem Tag während des Fastenmonats Ramadan mit der Gemeinde dargebracht, und zwar entweder direkt nach dem Ischa-Gebet oder zur Zeit des Tahadschud-Gebets.

CHUSSUF und KUSSUF

Das Salat'ul Chußuf wird während einer Mond-, während das Salat'ul Kußuf während einer Sonnenfinsternis dargebracht wird.

Um das Gebet der Länge der jeweiligen Verfinsterung anzupassen, werden in jeder Raka'at zwei Rukus ausgeführt.

ISTISKA

Das Istiska wird ohne vorherigen Asan und Ikamat mit der Gemeinde gebetet, wenn verzweifelt Regen benötigt wird, es besteht aus zwei Raka'ats.

Der Imam sollte laut aus dem Heiligen Quran rezitieren. Nach der Ruku sollten alle anderen die Hände erheben, und das folgende Gebet darbringen.

اَللّٰهُمَّ اسْقِنَا غَيْثاً مُغِيثاً مَرِيئاً نَافِعاً غَيْرَ ضَارٍّ
عَاجِلاً غَيْرَ اجِلٍ اَللّٰهُمَّ اسْقِ عِبَادَكَ وَبَهَائِكَ
وَانْشُرْ رَحْمَتَكَ وَاَحْيِ بَلَدَكَ الْمَيِّتَ اَللّٰهُمَّ
اسْقِنَاه اَللّٰهُمَّ اسْقِنَا ه اَللّٰهُمَّ اسْقِنَا ه

Lautschrift: Allahummaß 'kenaa rhädhsam
                morridham marrii'an naafe'ann
                rhära soarrim aadschelann
                rhära aadschelinn.
                Allahummaß'ke ebaadaka wa bahaa'emaka
                wan-schurr rachmataka
                wa achjje baladakall mejjett.
                Allahummaß'kenaa. Allahummaß'kenaa.
                Allahumaß'kenaa.

»O Allah! Gib uns Regen, der sich als segensreich erweist, unsere Verwirrung verbannt und keinen Schaden anrichtet und keine Verzögerung hervorruft. O Allah! Gib Deinen Menschen und Deinen Tieren Wasser zu trinken und verbreite Deine Freigiebigkeit und bringe Deine tote Stadt zum Leben. O Allah, gib uns Regen. O Allah, gib uns Regen. O Allah, gib uns Regen.«

ISTIKHARA

Istikhara bedeutet, Gott um Führung und Segnungen zu bitten. Dieses Gebet wird dargebracht, bevor wir uns auf wichtige Angelegenheiten einlassen, wie zum Beispiel vor einer Reise, einer Heirat oder einer Geschäftseröffnung.

Manchmal erhält man einen Traum, der die guten oder schlechten Ergebnisse dessen aufzeigt, um was man gebetet hat. Es ist jedoch nicht notwendig, daß wir auf einen Traum warten sollten. Da Isthikara bedeutet, um Führung und Segnungen nachzusuchen, können wir mit dem Istikhara sogar während unserer Arbeit fortfahren, obschon wir dabei natürlich nicht dem ganzen Vorgang des Gebets folgen.

Das Istikhara wird folgendermaßen gebetet. Nach der Wudhu werden zwei Raka'at Nawaffil dargebracht, wobei nach dem Taschahud die folgende demütige Bitte an Gott gerichtet wird.

اَللّٰهُمَّ اِنِّیْ اَسْتَخِیْرُكَ بِعِلْمِكَ وَاَسْتَقْدِرُكَ بِقُدْرَتِكَ وَاَسْئَلُكَ مِنْ فَضْلِكَ الْعَظِیْمِ فَاِنَّكَ تَقْدِرُ وَلَاَ اَقْدِرُ وَتَعْلَمُ وَلَاَ اَعْلَمُ وَاَنْتَ عَلَّامُ الْغُیُوْبِ اَللّٰهُمَّ اِنْ کُنْتَ تَعْلَمُ اَنَّ هٰذَا الْاَمْرَ خَیْرٌ لِّیْ فِیْ دِیْنِیْ وَمَعَاشِیْ وَ عَاقِبَةِ اَمْرِیْ فَاقْدِرُهُ لِیْ وَیَسِّرْهُ لِیْ ثُمَّ بَارِكْ لِیْ فِیْهِ وَاِنْ کُنْتَ تَعْلَمُ اَنَّ هٰذَا الْاَمْرَ شَرٌّ لِّیْ

91

فِى دِيْنِى وَمَعَاشِى وَعَاقِبَةِ اَمْرِى فَاصْرِفْهُ عَنِّى وَ
اَصْرِفْنِى عَنْهُ وَاقْدِرْلِى الْخَيْرَحَيْثُ كَانَ ثُـــمَّ
اِرْضِنِى بِـهِ -

Lautschrift: Allahumma inni
astachiroka be'ilmeka
wa astak'deroka bekudd-rateka
wa aß'aloka minfaslekall asiim.
Fa innaka takdero wa laa akdero
wa taalamo wa laa'alamo
wa anta allamull rojjuub.
Allahumma inkunta taalamo
anna hasall amra chärullii fii'dinii
wa ma'aaschii wa aa'kebade ammrii.
Fakdirholii wajjaßirrho lii
dhumma baarikk lii fii-he.
Wa'inn-kunnta talamo anna hasal amra.
Schar'rulli fü dii-nii wa ma'aaschii
wa aakebate amrii faßrriffho an'nii
waßrriffnii anho wakdirr lejjall
chära hädho kanaa
dhumma arrdhenii behii.

92

d.h.

»O Allah, ich ersuche Gutes von Dir aus Deinem Wissen, und ersuche um Kraft bei Dir aus Deiner Kraft, und ich bitte Dich wegen Deiner grenzenlosen Gnade. Denn Du hast Kraft, und ich habe keine Kraft, und Du hast Wissen, und ich habe kein Wissen, und Dein Wissen umfaßt das Unsichtbare. O Allah, wenn es in Deinem Wissen ist, daß diese Sache gut für mich ist in Bezug auf meine weltlichen Begebenheiten, und in Bezug auf das Ergebnis dieser Angelegenheit, dann gewähre sie mir, und mache die Angelegenheit leicht für mich, und segne sie für mich. Ist es aber in Deinem Wissen, daß sie schlecht für mich ist, dann veranlasse sie, sich von mir hinwegzubewegen, und veranlasse mich, mich von ihr hinwegzubewegen, und ermögliche es mir, Gutes zu erlangen, was immer es sein mag, und stelle mich dann damit zufrieden.«

Das Istikhara sollte für mindestens sieben Tage in Folge und länger, direkt bevor man ins Bett geht, gebetet werden. Nach dem Istikhara soll man ohne zu reden sofort schlafengehen und bis man einschläft, das o.a. Dua beten.

IHD-UL-FITTR und IHD-UL-ASSR

Jedes Jahr gibt es zwei Ihd-Gebete. Das eine folgt auf den Monat des Ramadan und heißt Ihd-ul-Fittr (Ende des Fastens), das andere fällt auf den zehnten Tag der Sil-Hadsch und heißt Ihd-ul-Assr (Ihd des Opferns).

Ihd-ul-Fittr wird also gefeiert, nachdem der Monat des Fastens abgeschlossen ist. An diesem Tag sind alle Muslime glücklich und freuen sich darüber, daß ihnen die Kraft geschenkt wurde, ihre Verpflichtungen des Fastens zu erfüllen. Jeder steht frühmorgens auf zum Gebet, nimmt danach ein Bad und zieht sich saubere Kleidung an, um dann alle anderen zu begrüßen. Der Heilige Prophet Mohammed (s) legte sehr großen Nachdruck darauf, am Tag des Ihd-Gebets sauber und reinlich zu sein und wenn möglich, Parfüm zu benutzen.

Am Tag von Ihd-ul-Assr, dem Ihd des Opferns, können eine Ziege, ein Schaf, eine Kuh oder ein Kamel geopfert werden. Eine Ziege oder ein Schaf entsprechen der Opferung für eine Person oder eine Familie, eine Kuh der für sieben Personen und die eines Kamels der für zehn Personen. Es sollte darauf geachtet werden, daß die Tiere, die als Opfer geschlachtet werden sollen, gesund und ohne Fehl sind.

Ihd-ul-Assr wird gefeiert zum Gedenken an den Gehorsam Abrahams gegenüber dem Befehl Gottes, seinen Sohn Ismail zu opfern. Abraham hatte mehrere Träume, in denen er sah, wie er seinen Sohn Ismail schlachtete. Er folgerte daraus, daß es vielleicht der Wille Gottes sei, daß er das Leben seines Sohnes opfere. Abraham, der Gott gegenüber den größten Gehorsam aufbrachte, nahm Ismail mit sich in den Wald. Gerade, als er ihn opfern wollte, befahl Gott ihm einzuhalten, und übermittelte ihm die frohe Botschaft, daß er bereits Seinen (Gottes) Befehl ausgeführt hatte. Aufgrund seines Gehorsams war Gott so zufrieden mit Abraham, daß er die Zahl der Nachkommen Abrahams in die Millionen multiplizierte. Außerdem wurde Abraham die große Ehre gewährt, einer der Vorväter des Heiligen Propheten des Islams (s) zu sein.

Deshalb und in Gedenken an den Gehorsam von Abraham sind diejenigen Muslime, die es erbringen können, dazu aufgefordert, nach dem Ihd-ul-Assr-Gebet ein Tier zu opfern.

Die Ihd-Gebete sind so außerordentlich wichtige Gebete, daß auch die Frauen daran teilnehmen müssen. Befinden sie sich in einem Zustand, in dem sie nicht beten können, sollten sie getrennt von den anderen sitzen und der Predigt zuhören. Manchmal pflegte der Heilige Prophet (s) zu den Frauen hinüberzugehen, um sie anzusprechen, nachdem er zu der versammelten Gemeinde gesprochen hatte.

Zu den Ihd-Gebeten gibt es weder einen Asan noch ein Ikamat oder ein S'sana. Nach dem ersten Takbir der ersten Raka'at werden noch einmal sieben weitere Takbirs hinzugefügt, während dem »Allaho-akbar« nach der zweiten Niederwerfung nochmals fünf weitere Takbirs hinzugefügt werden. Für jedes dieser sieben bzw. fünf Takbirs werden die Hände wieder an die Ohren gehoben, genauso wie wir es tun, nachdem ein Gebet angefangen hat. Die Arme werden nach jedem Takbir hängengelassen, und erst nach dem jeweils letzten Takbir vor der Brust verschränkt, d.h. also nach dem achten Takbir in der ersten Raka'at sowie nach dem sechsten in der zweiten Raka'at.

Die Chutba wird gehalten, nachdem das Gebet beendet wurde. Dies im Gegensatz zum Dschumu'ah-Gebet, bei dem die Chutba vor dem Gebet gehalten wird. Für den Weg zum Ort des Ihd-Gebetes und für den Rückweg pflegte der Prophet Mohammed (s) jeweils verschiedene Wege zu benutzen. Da das seine Sunnat war, sollten auch wir das gleiche tun. Der Ort eines Ihd-Gebets sollte sich, wenn möglich, außerhalb der Stadt oder des Dorfes befinden.

Das Takbir, das wir rezitieren, während wir zum Ort des Ihd-Gebetes gehen oder von dort zurückkehren, hat den folgenden Wortlaut.

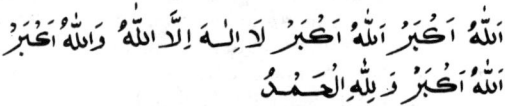

Lautschrift: Allaho-akbar, Allaho-akbar,
                la illaha illallah, wallaho akbar,
                Allaho-akbar wa lillahil Hamd.

d.h.
»Allah ist der Größte, Allah ist der Größte. Es gibt keinen Gott außer Allah. Allah ist der Größte, Allah ist der Größte, Allah gebührt alle Lobpreisung.«

DSCHENASA – DAS TOTENGEBET

Stirbt ein Muslim, wird von den anderen Muslimen erstens erwartet, daß sie den Leichnam waschen, und zweitens, daß sie ihn anschließend in ungenähte Tücher hüllen.

Es soll an dieser Stelle daran erinnert werden, daß das Dschenasa ein sogenanntes »Farz-i-Kifaya« ist, was soviel bedeutet, daß, wenn niemand das Totengebet für einen Muslim spricht, alle Muslime dafür als schuldig angesehen werden, doch daß, wenn auch nur ein paar wenige das Dschenasa darbringen, es so wäre, als hätte die gesamte Nation aller Muslime ihre Pflicht erfüllt.

Das Dschenasa wird bevorzugterweise an einem offenen Platz gebetet. Der Leichnam wird an der Front aufgebahrt, und das Gebet wird von einem Imam geleitet. Das Dschenasa wird schweigend dargebracht, bis auf die Male, wo der Imam das Takbir sowie das Taslīm laut rezitiert.

Der Imam hebt die Hände zu den Ohren und sagt dabei: »Allaho-akbar«, wonach er die Arme vor der Brust verschränkt. Die Gemeinde tut das Gleiche. Nun werden das S'sana, das Ta'awuz und die Sura Al-Fāteha rezitiert. Der Imam sagt wieder »Allaho-akbar«, woran anschließend das Mas'surah gebetet wird. Zum dritten Mal sagt der Imam »Allaho-akbar«, worauf das folgende Gebet rezitiert wird.

اَللّٰهُمَّ اغْفِرْ لِحَيِّنَا وَمَيِّتِنَا وَشَاهِدِنَا وَغَائِبِنَا وَصَغِيْرِنَا وَكَبِيْرِنَا وَذَكَرِنَا وَأُنْثَانَا اَللّٰهُمَّ مَنْ اَحْيَيْتَهُ مِنَّا فَاَحْيِهِ عَلَى الْاِسْلَامِ وَمَنْ تَوَفَّيْتَهُ مِنَّا فَتَوَفَّهُ عَلَى

الِّايمَانِ اللّهُمَّ لاَ تَحْرِمْنَا أَجْرَهُ وَلاَ تَفْتِنَّا بَعْدَهُ ـ

<u>Lautschrift:</u> Allahumma firch-lehannejaa
wa majjettenaa
wa schaahedenaa
wa rhaa 'ebenaa
wa ßoarri-renaa
wakkabiirenaa
wa sakka-renaa
wa undhaanaa.
Allahumma mann
a'jjätahuu minnaa
fa'achjjehii allall Ißlaame
wa mann tawaffäätahuu
minnaa fata waffahuu
allall 'iimaane.
Allahumma laa ta'rimmnaa
adschrahuu wa laa
tafftinn 'naa ba'adahuu.

d.h.
»O Allah, vergib unseren Lebenden und unseren Toten,
und denen von uns, die anwesend sind, und denen, die ab-
wesend sind, und unseren Alten und unseren Männern und
unseren Frauen. O Allah, denen unter uns, denen Du Leben geschenkt hast, halte sie standfest, und laß die unter
uns, die Du sterben lassen wirst, im richtigen Glauben sterben. Schließe uns nicht aus, o Allah, von den Wohltaten,
die sich auf den Verstorbenen beziehen, und unterwerfe
uns nicht dem Gericht nach ihm.«

Ist die Person, für die gebetet wird, eine Frau, werden die
Worte:

اَللّٰهُمَّ لَا تَحْرِمْنَا اَجْرَهُ وَ لَا تَفْتِنَّا بَعْدَهُ

<u>Lautschrift</u>: Laa ta'rimmnaa adschrahuu wa laa
                   tafftinn'naa ba'adahuu.

d.h.
»... die sich auf den Verstorbenen beziehen, und unterwerfe uns nicht dem Gericht nach ihm.«

durch die Worte ersetzt:

اَللّٰهُمَّ لَا تَحْرِمْنَا اَجْرَهَا وَلَا تَفْتِنَّا بَعْدَهَا

<u>Lautschrift</u>: Laa ta'rimmnaa adschrahaa wa laa
                   tafftinn'naa ba'adahaa.

»... die sich auf die Verstorbene beziehen, und unterwerfe
uns nicht dem Gericht nach ihr.«

Im Falle eines zu begrabenden Kindes wird nach dem dritten Takbir anstatt der oben angeführten Rezitation einfach
nur das folgende Gebet dargebracht.

اَللّٰهُمَّ اجْعَلْهُ لَنَا سَلَفًا وَّفُرُطًا وَّاجْعَلْهُ لَنَا اَجْرًاوَّ
ذُخْرًاوَّ اجْعَلْهُ لَنَا شَافِعًاوَّ مُشَفَّعًا ﹖

<u>Lautschrift</u>: Allahummadsch allho lanaa ßalafan
                   wa forotann
                   wadsch allho lanaa adschrann
                   wa such'rann wadsch allho
                   lanaa schafe'ann wa moschaffa'ann.

99

d.h.
»O Allah, mach Du es zu unserem Vorboten, und mache
Du es für uns zu einer Belohnung und zu einem Schatz, und
mache Du es zu einem Bittenden für uns, und erhöre Du
seine Bitten (um Deine Gnade für uns).«

Der Imam sagt dann zum vierten Mal »Allaho-akbar«,
wendet seinen Kopf nach rechts und dann nach links, wobei
er beide Male das Taslīm rezitiert und damit das Dsche-
nasa-Gebet beendet.

Nach der Beendigung des Dschenasa wird der Leichnam
auf dem Friedhof begraben. Es ist für jeden Muslim, der
dafür die nötige Zeit aufbringen kann, eine Pflicht, der Pro-
zession zum Friedhof zu folgen, und am Begräbnis teilzu-
nehmen.

Zur Erinnerung sei hier gesagt, daß es im Dschenasa weder
eine Ruku noch eine Sadschda gibt, und daß für dieses Gebet auch kein Asan und kein Ikamat gerufen werden. Die
Wudhu muß selbstverständlich intakt sein. Während des
Gebets sollte die Zahl der Reihen hinter dem Imam jeweils
eine ungerade sein, d.h. eine Reihe, drei Reihen, fünf Reihen etc.

Manchmal mag es sein, daß jemand an einem Ort stirbt, an
dem nicht so viele Muslime zum Dschenasa zusammen-
kommen können. In diesem Fall kann es dann auch im eigenen Haus gebetet werden oder – und dann heißt das Gebet
Dschenasa-Ghäb – auch in einer Moschee, während der
Leichnam nicht anwesend ist.

DIE HEIRATSPREDIGT

Die Heirat im Islam ist ein gesegneter Vertrag zwischen einem Mann und einer Frau. Die Zustimmung der Frau ist dafür eine Notwendigkeit.

Im folgenden nun die arabische Predigt, die der Heilige Prophet des Islams (s) anläßlich der Feier einer Hochzeit zu halten pflegte. Heutzutage mag dieser Ansprache eine weitere in der jeweiligen Landessprache folgen.

Die Zeremonie ist abgeschlossen, wenn das Paar öffentlich seine Zustimmung zu dieser Ehe bekanntgegeben hat.

الْحَمْدُ لِلهِ نَحْمَدُهُ وَنَسْتَعِينُهُ وَنَسْتَغْفِرُهُ وَنُؤْمِنُ
بِهِ وَنَتَوَكَّلُ عَلَيْهِ وَنَعُوذُ بِاللهِ مِنْ شُرُورِ اَنْفُسِنَا وَ
مِنْ سَيِّاتِ اَعْمَالِنَا مَنْ يَهْدِهِ اللهُ فَلَا مُضِلَّ لَهُ وَمَنْ
يُضْلِلْهُ فَلَا هَادِيَ لَهُ وَنَشْهَدُ اَنْ لَّا اِلهَ اِلَّا اللهُ وَحْدَهُ
وَشَرِيكَ لَهُ وَنَشْهَدُ اَنَّ مُحَمَّدًا عَبْدُهُ وَرَسُولُهُ يَا اَيُّهَا
النَّاسُ اتَّقُوا رَبَّكُمُ الَّذِى خَلَقَكُمْ مِنْ نَفْسٍ وَاحِدَةٍ وَّ
خَلَقَ مِنْهَا زَوْجَهَا وَبَثَّ مِنْهُمَا رِجَالًا كَثِيرًا وَّنِسَآءً ط
وَاتَّقُوا اللهَ الَّذِى تَسَآءَلُونَ بِهِ وَالْاَرْحَامَ اِنَّ اللهَ كَا
عَلَيْكُمْ رَقِيبًا o يَا اَيُّهَا الَّذِينَ اَمَنُوا اتَّقُوا اللهَ وَقُولُوا
قَوْلًا سَدِيدًا اَيُصْلِحْ لَكُمْ اَعْمَالَكُمْ وَيَغْفِرْ لَكُمْ
ذُنُوبَكُمْ وَمَنْ يُطِعِ اللهَ وَرَسُولَهُ فَقَدْ فَازَ
فَوْزًا عَظِيمًا o يَا اَيُّهَا الَّذِينَ اَمَنُوا اتَّقُوا اللهَ وَ
لْتَنْظُرْ نَفْسٌ مَّا قَدَّمَتْ لِغَدٍ وَاتَّقُوا اللهَ اِنَّ
اللهَ خَبِيرٌ بِمَا تَعْمَلُونَ o

Lautschrift: Alhamdollillahe na'madohuu
wa nasta 'iinohuu
wa nastarh-firhferohuu, wa no 'meno behii
wa natawakkallo alähee, wa na 'ousobillahe
minn schor 'rure anfoßenaa
wa minn ßajje 'aate a'maa'lenaa,
maijja dehillaho falaa mosilla lahuu
wa mai-jjuslillho falaa haadeja lahuu.
Wa nasch 'hado Allah elaaha illallaho
wadahuu laa scharikalahuu,
wa nasch 'hado anna Mohammadan
abdohuu wa Raßullo.
Jaa ajjo hannaa ßubbtakuu Rabbako mullasii
chalakakum minnaffßinn waahedatinn
wa chalaka minnha saudjjahaa
wa badha minnhomaa rädjalann kadhirann
wa nessaa'a.
Watakullaa hallasi taßaa 'aluna behii
wal arhaam.
Innallaaha kaana aläikum rakiibaa.
Jaa ajjo hallasinaa a'amannattakullahaa,
wa 'kuuluu kaulann ßadiidann
jußle lakumm a'amaalakum
wa jjarh-firh-lakum sonuubakum,
wa mei-jote illaha wa Raßuullahuu fakadd
'fasaa fausann asiima.
Jaa ajjo hallasinaa a'amanuttakullahaa,
wall-tann-ßurr naffßummaa
kaddamatt-leradd, wattakullaahaa,
innallaaha chabiirum-bemaa ta 'malluun.

d.h.

»Aller Preis gebührt Allah! Wir preisen Ihn, wir ersuchen Ihn um Hilfe und erbitten Seinen Schutz; wir vertrauen uns Ihm an, wir vertrauen Ihm allein, und wir suchen Schutz vor den Übeln und Lastern unserer Taten. Wen Er auf den rechten Pfad leitet, der kann von niemandem fehlgeleitet werden, und wen immer Er zum Fehlgeleiteten erklärt, der kann von niemandem auf den rechten Pfad geleitet werden Und wir bezeugen, daß niemand anbetungswürdig ist außer Allah, Er ist der Alleinige und hat keinen Partner, und wir bezeugen, daß Mohammed Sein Diener und Sein Gesandter ist. O ihr Menschen, macht euren Herrn zu Eurer Zuflucht, Der euch aus einer Seele schuf, und aus dieser eure Gefährtin schuf und so Männer und Frauen vermehrte, und fürchtet Allah, mit Dessen Namen ihr Ihn anfleht, und rettet euch davor, euch über die Rechte der Verwandtschaftsbande hinwegzusetzen. Wahrlich, Gott beobachtet euch. O ihr Gläubigen! Machet Allah zu eurer Zuflucht, und machet ein feierliches Gelöbnis. Allah wird euer Tun in die rechte Bahn lenken und euch eure Sünden vergeben. Derjenige, der Allah und Seinem Gesandten gehorcht, wird wahrlich den größten Erfolg haben. O die ihr glaubt, fürchtet Allah; und eine jede Seele schaue nach dem, was sie für morgen vorausschickt. Und fürchtet Allah; Allah ist wohl kundig dessen, was ihr tut.«

ÜBER DAS GEBET IM ISLAM

Das Wort »Gebet« wird hier auf jene Bittgesuche verwandt, die man in seiner eigenen Muttersprache zu Gott spricht.

»Und wenn meine Diener dich nach Mir fragen, sprich: ›Ich bin nahe. Ich antworte dem Gebet des Bittenden, wenn er zu Mir betet. So sollten sie auf Mich hören und an Mich glauben, auf daß sie den rechten Weg wandeln mögen‹.« (Sura 2 Al-Baqarah, Vers 187).

Unter den hauptsächlichen Reformen des Verheißenen Messias (Friede sei auf ihm) befindet sich die Festsetzung der Tatsache, daß Gott Gebete nicht nur annimmt, sondern sie auch beantwortet.

Es war der übliche Glaube unter den gebildeten Muslimen, daß Gebete nicht wirklich dabei halfen, das zu erreichen, was angestrebt wurde. Und zwar deshalb, weil Gott nicht in die Naturgesetze eingreift, und so erschien aus diesem Grund alles vorherbestimmt zu sein. Sir Sayed Ahmad Khan war der Hauptbefürworter dieses Glaubens. Er schrieb zwei Bücher darüber, in denen er verneinte, daß Gebete in exakt der vorgebrachten Form von Gott erhört würden.

Der Verheißene Messias (Friede sei auf ihm) schrieb im Jahre 1893 ein Buch namens »Barkat-e-Dua«, in welchem er diesen falschen Glauben Sir Sayeds und seiner Anhänger widerlegte. Er erklärte in seinem Buch, daß Gebete wie Medizin wären – gebraucht für schmerzende Krankheiten. Denn wenn Krankheit und ihre Konsequenzen vorbestimmt waren, warum sollten wir dann als heilende Maßnahme überhaupt Medizin zu uns nehmen? Gebete sind Medizin, mit denen wir unsere spirituellen, physischen und materiellen Schmerzen heilen können.

Der Verheißene Messias (Friede sei auf ihm) forderte Sir Sayed und dessen Anhänger in diesem Buch heraus und sagte:

»Gott hat mich als den Reformer dieses Jahrhunderts gesandt, so daß solche Fehler, die nicht ohne spezielle göttliche Unterstützung berichtigt werden konnten, nun aus dem Geist der Muslime entfernt werden mögen, und daß den Ungläubigen der Beweis für einen wahrhaftigen und lebendigen Gott erbracht wird, Der Gebete erhört und beantwortet, und somit durch neue Zeichen die Größe des wahren Islams beweist. Zu sagen, daß die Tür der Offenbarungen, die Jahrhunderte hindurch die muslimischen Heiligen charakterisierte, nun geschlossen sei, und daß Zeichen nicht mehr länger gezeigt werden könnten, und Gebete nicht länger angenommen würden, bedeutet den Weg der Zerstörung und nicht den des Friedens. Weiset nicht die Gnade Gottes zurück. Es würde besser sein, Sir Sayed käme – ohne den Tag seines Todes zu vergessen – hierher, und lebte für einige Monate in meiner Gemeinschaft. Da ich bevollmächtigt bin und ein Bringer froher Botschaften, verspreche ich, für seine Befriedigung zu beten, und hoffe, daß Gott ein Zeichen zeigen wird, das in einem Augenblick das von Sir Sayed erfundene Naturgesetz zunichte machen wird.«

Der Verheißene Messias (Friede sei auf ihm) pflegte selbst für andere Menschen zu beten, und teilte ihnen schon vorher mit, daß seine Gebete erhört werden würden.

Hier soll nur ein Beispiel angeführt werden, wie Gebete unter den außergewöhnlichsten Umständen angenommen wurden.

Zu Lebzeiten des Verheißenen Messias wurde ein an der T.I. High School in Qadian studierender Schüler von einem herumstreunenden und von Tollwut befallenen Hund gebissen. Der Student wurde zur sofortigen Weiterbehandlung in das Pasteur-Institut nach Kisauli[18] gebracht. Nach entsprechender Behandlung und Spritzen kehrte er nach Qadian zurück, um seine Studien fortzusetzen. Kurz darauf jedoch zeigte er Anzeichen von Hydrophobie[19], und sein Zustand gab Anlaß zu größter Besorgnis, als sich die tödlichen Symptome entwickelten, und er unter den Qualen dieser fatalen Krankheit litt. Sofort wurde an den entsprechenden Spezialisten in Kisauli ein Telegramm über seinen Zustand abgesandt. Die Antwort war niederschmetternd, da sie beinhaltete, daß unter solchen Umständen keinerlei Behandlung von Wirkung wäre. Hazrat Ahmad, der Verheißene Messias, fühlte sich über den Zustand von Abdul Karim zutiefst beunruhigt, weil dieser keinerlei Verwandte in Qadian hatte und aus einem sehr abgelegenen Dorf stammte, in dem seine Eltern größter Beunruhigung ausgesetzt wären. Er betete für Abdul Karims Gesundheit zu Gott, und es wurde ihm offenbart, daß seine Gebete erhört worden wären. Abdul Karim erholte sich nach ein paar Tagen von seiner Krankheit und wurde wieder ganz gesund. Die Spezialisten waren sehr überrascht und schrieben: »Dies ist ein einzigartiger Fall in der Geschichte der Medizin, daß solch ein Junge wieder gesund geworden ist.«

Es gibt Tausende von Beispielen aus dem Leben des Verheißenen Messias, daß Gott seine Gebete erhörte. Und es sollte immer daran gedacht werden, daß diese Erhörung von Gebeten nicht mit dem Verheißenen Messias endete. Sie ist immer noch mit uns. Jeder von uns sollte ein lebender Zeuge dafür sein, daß Gott Gebete erhört und beantwortet.

Hazrat Mirza Bashir Ahmad schreibt in einem seiner Artikel über das Gebet:

»Das zweite Element, welches die Essenz der Spiritualität bildet, ist das ›Dua‹, d.h. die Gewohnheit der Liebe zum Gebet. Die Liebe zum Gebet ist ein notwendiges Produkt des Geistes der Rechtschaffenheit, denn eine aufrichtige Person, deren Herz durchdrungen und gesättigt ist mit der Liebe und Furcht zu Gott, wird andauernd und kraftvoll zum Gebet hingezogen werden.

Andererseits bedeutet Gebet auch, den Geist der Rechtschaffenheit zu stützen und aufrechtzuerhalten. Demzufolge ist das Gebet beides, Ursache und Wirkung des Geistes der Rechtschaffenheit. In Wahrheit ist das Gebet die wahre Essenz des Islams, denn es ist durch das Gebet, daß ein menschliches Wesen eine direkte Verbindung mit seinem göttlichen Meister und Schöpfer herstellen kann. Ein Glaube, der keine persönliche Beziehung zwischen Menschen und ihrem Schöpfer herstellen kann, ist de facto kein Glaube im ursprünglichen Sinn. Er ist ein Ding ohne Leben oder ein ausgetrockneter Zweig ohne jegliche Bedeutung. Das ist der Grund, warum Gott im Heiligen Quran wiederholt auf die Notwendigkeit und die Segnungen von Gebeten hingewiesen hat, und ebenso der Heilige Prophet Mohammed (s) großen Nachdruck darauf legte.«

Der Verheißene Messias (Friede sei auf ihm) hat gesagt:

»Gott hat das Gebet zu einem höchst wirksamen Instrument gemacht. Gott hat mir wiederholt offenbart, daß durch Gebete jeglicher Erfolg erreicht werden wird. Wahrlich, das Gebet ist unser einziger Instrument. Wir besitzen kein anderes Instrument für das Erreichen unseres Zwecks. Um was auch immer wir Gott im Verborgenen bitten, Gott bringt es hervor und macht es offenkundig. Die meisten Leute, wie auch immer, sind sich über die wahre Bedeutung und richtige Philosophie des Gebets nicht im klaren. Sie wissen nicht, wieviel Aufmerksamkeit, Ernsthaftigkeit, Hingabe und Standhaftigkeit es erfordert, um seinen Zweck durch das Gebet zu erreichen. Wahrhaftig, wahres Gebet bedeutet, eine Art von Tod zu erfahren.«

Wir sollten die Angewohnheit der Hingabe zum Gebet pflegen, so daß jeder von uns eine persönliche Beziehung zu Gott entwickelt. Ohne persönlichen Kontakt zu Gott wird der Glaube zu einem Ding ohne Leben.

Außerdem sollten wir Gott um wirklich Jegliches und Alles bitten. Der Heilige Prophet Mohammed (s) hat gesagt, daß ein Muslim sogar um einen Schnürsenkel bitten soll, wenn er einen braucht. Wir sollten uns für alle unsere Erfordernisse und Wünsche immer an Ihn wenden.

Es gibt bestimmte Bedingungen, an die eine Erhörung von Gebeten geknüpft wird. Wenn wir diesen Bedingungen folgen und dann beten, mögen wir versichert sein, daß Gott das Gebet bestimmt annimmt.

Die erste und auch die wichtigste Bedingung ist die, daß wir niemals ungeduldig sein dürfen. Es gibt bestimmte Leute, die eine Zeitlang beten und dann damit anfangen, herumzunörgeln, wenn sie innerhalb der Zeitspanne, die sie dafür festgesetzt hatten, keine Antwort bekommen. Der Heilige Prophet Mohammed (s) hat gesagt:

»Gott würde die Gebete einer Person annehmen, wenn man nicht dadurch seine Ungeduld offenbare, indem man sagt: ›Ich habe gebetet, und ich habe keine Antwort erhalten‹.«

So lautet die Hauptbedingung für die Erhörung von Gebeten also Geduld, wie auch der feste Glaube daran, daß Gott die Gebete erhört und bestimmt annimmt:

Hazrat Mirza Bashir Ahmad sagt:

»Und wiederum muß es in Erinnerung gebracht werden, daß das Gebet nicht bedeutet, uns damit zufriedenzugeben, einmal oder zweimal oder dreimal zu beten. Das Gebet muß eine konstante und sich wiederholende Erfahrung sein. Es ist wahr, daß Gott, wenn Er es so will, auf den ersten Ruf eines aufrichtigen Dieners von Ihm antworten mag. Meistens ist dies jedoch nicht der Fall. Es ist Gottes Weg, zu wünschen, daß Seine Diener sich in Geduld und Standhaftigkeit üben. Manchmal kommt es vor, daß einige Gebete über lange Zeiträume hinweg wiederholt werden müssen, bevor Gott sie in Seiner gnädigen Annahme beantwortet. So wird von einigen frommen Persönlichkeiten berichtet, daß sie ihre Gebete über einen Zeitraum von mehreren Jahren aufrechterhielten, bevor sie mit der Annahme ihrer Gebete gesegnet wurden. Andererseits sagt der Heilige Quran aber auch, daß das Paradies den Gläubigen in den letzten Tagen dieser Welt nähergebracht werden würde.

Dies mag bedeuten, daß in diesem Zeitalter, in dem der

Mensch total vom Materialismus umgeben ist, ein aufrichtiges und ernsthaftes Gebet vielleicht eher eine Antwort erhalten mag. Wie dem auch sei, Geduld und Standhaftigkeit bilden die Essenz des Gebets als dem tatsächlichen Konzept der Verbindung zwischen Gott und den Menschen.«

Wir sollten in unseren Gebeten immer Geduld und Standhaftigkeit zeigen und immer sicher sein, daß Gott unsere Gebete letzten Endes erhören wird.

Die zweite Bedingung ist die, daß wir den festen Glauben an die Tatsache haben, daß Gott unsere Gebete selbstverständlich auf die eine oder andere Art und Weise akzeptieren wird.

Eine Überlieferung des Heiligen Propheten Mohammed (s) erklärt auf eine sehr schöne Weise die Philosophie der Annahme des Gebets. Von ihm wird berichtet, daß er gesagt hat:

»Jeder Muslim, der zu Gott betet, und dessen Gebet nichts enthält, was Sünde bedeutet, d.h. irgendetwas, das gegen den Willen Gottes gerichtet ist oder gegen Seine Befehle oder gegen Seinen Weg, oder irgendetwas, das Ungerechtigkeit oder Unfreundlichkeit gegenüber einem Angehörigen in sich trägt, wird sein Gebet erhört bekommen. Die Annahme eines Gebets mag sich auf drei verschiedene Arten ausdrücken. Erstens, daß Gott dem Bittenden seine Bitte entweder in diesem Leben erfüllt, oder zweitens, daß Er diese Sache für ihn bis zum nächsten Leben aufheben wird, oder daß Er drittens ein entsprechendes Übel von ihm abwenden wird« (Bukhari).

Aus diesem Grund müssen wir beten und Gott die Annahme des Gebets überlassen. Wir wissen nicht, was die Zukunft für uns bereithält. Und so mag es manchmal sein, daß wir für etwas beten, das Übles für uns hervorbringen kann. Gott allein kennt die Zukunft. Manchmal akzeptiert Er unsere Gebete in der exakt vorgebrachten Form nicht, weil Er, der Allwissende, um das zukünftige Übel weiß.

Ein Beispiel der Gebete, die von Gott nicht in exakt der vorgebrachten Form angenommen werden, ist das eines Kindes, das unbedingt Feuer ergreifen will, natürlich ohne dabei die wahre Natur des Feuers zu kennen, und seine Eltern darum bittet, ihm bei der Ergreifung des Feuers zu helfen. Nun, würden die Eltern dem Kind dabei behilflich sein, das Feuer zu ergreifen? Sicherlich nicht. Wissen sie doch, daß es dem Kind schadete, wenn sie seinem Wunsch nachgäben. Und ganz genauso ist es auch der Fall mit unserem Gott. Er weiß, was gut für uns ist und was schlecht. Er sieht manchmal, daß das Gebet eines Seiner Diener, nähme Er es an, denselben ruinieren würde, weil jener eben dessen zukünftigen Effekt nicht kennt. Liebevoller als jedes Elternpaar, weist Gott sein Gebet deshalb in dessen eigenem Interesse zurück.

Daher sollte das Band der Liebe und der Treue, welches einen ernsthaften Diener an Gott bindet, nicht geschwächt werden, wenn ein bestimmtes Gebet nicht auf die erwünschte Art und Weise beantwortet wird, sondern es sollte ganz im Gegenteil dazu verhelfen, es zu festigen. Denn es ist Gott, der weiß, und nicht wir.

Die dritte Bedingung ist die, daß wir unser Gebet mit dem Mas'surah für den Heiligen Propheten Mohammed (s) (d.h. für den Heiligen Propheten des Islams (s) und seine Anhänger zu beten) sowohl anfangen als auch beenden, weil das Mas'surah für den Heiligen Propheten (s) immer erhört, und ein Gebet innerhalb dieses Gebets ebenso angenommen wird – mehr noch, das Mas'surah an sich ist ein Gebet.

Vom Heiligen Propheten Mohammed (s) wird berichtet, daß einstmals einer der Gläubigen zu ihm kam und sagte: »Ich habe mich dazu entschlossen, ein Viertel meiner Gebete Dir zu weihen.« Der Heilige Prophet (s) pries den Mann und sagte: »Das ist eine sehr gute Sache, aber könntest Du nicht noch mehr Deiner Gebete für mich weihen?« Der Gläubige sage: »O Prophet Gottes, ich verspreche, Dir die Hälfte meiner Gebete zu weihen.« Wiederum pries der Heilige Prophet (s) ihn und fragte, ob er denn noch mehr als das weihen könnte. Der Gläubige erwiderte: »O Prophet, von heute an werde ich nicht mehr für mich selbst beten, alle meine Gebete werden nur noch für Dich sein.« Der Heilige Prophet Mohammed (s) sagte ihm daraufhin, daß Gott ihm alle seine Wünsche und Bedürfnisse erfüllen würde, wenn er für ihn, den Heiligen Propheten, betete.

Eine der für die Annahme von Gebeten sicheren Bedingungen ist also die, für den Heiligen Propheten des Islams (s) und jene, die von Gott geliebt werden, zu beten.

Die vierte Bedingung ist die, daß wir jene Attribute Gottes anrufen, auf die sich unsere Bitten beziehen. Wollen wir zum Beispiel für unsere Gesundheit beten, sollten wir Ihn bei seinem Namen »Al-Schaafi«, d.h. Der, Der Krankheit heilt, anrufen.

Wir müssen über sämtliche Attribute Gottes nachdenken. Vom Heiligen Propheten Mohammed (s) wird erzählt, daß er gesagt habe, daß, wenn ein Diener Gottes Ihn (d.h.

Gott), in seinen Gebeten mit Seinem Attribut anredet, Gott Seine Engel damit beauftragt, dieser Person soviel zu bewilligen, daß er die wahre Bedeutung dieses Attributs erkennen kann. Auf diese Weise kommt dem Bittenden ein hundertfaches seiner Gebete zu, und deshalb sollten wir Ihn immer mit dem Attribut anreden, das zu unserem Gebet paßt.

Der fünfte Punkt, der in Erinnerung bleiben sollte, ist der, daß wir daran glauben müssen, daß Gott allmächtig ist, sowie daß wir starken Glauben daran haben, daß Er unsere Gebete annimmt. In uns sollte auch nicht der allerwinzigste Zweifel über die Annahme von Gebeten zurückbleiben. Wir sollten absolut daran glauben, daß Gott uns näher ist als alles andere in dieser Welt. Und daß Er alle Macht besitzt, und alle Schätze dieser Erde, und daß Ihm alles gehört. Er wird unsere Gebete erhören und uns das geben, was wir von Ihm erwünschen.

Der Verheißene Messias hat gesagt: »Wie kann das Gebet eines Menschen erhört werden, der nicht daran glaubt, daß Gott allmächtig ist, und wodurch kann er dazu inspiriert werden, zu einer Zeit großer Schwierigkeiten zu beten, wenn er denkt, daß die Lösung doch gegen die Naturgesetze ist? Aber du, der du es an Glauben fehlen läßt, dein Gott ist Der Eine, Der unzählige Sterne ohne Pfeiler gestützt hat, und Der die Himmel und die Erde aus dem Nichts erschaffen hat. Du mißtraust, daß dein Gott darin versagt, deinen Wunsch zu erfüllen. Doch verzweifle nicht angesichts der Verspätung, die durch die Annahme deines Gebets hervorgerufen wird, denn je länger es sich verzögert, desto größer wird der Preis sein. Die Annahme von Gebeten wird oft verzögert, und Gott bewilligt solch einem Bittenden eine größere Belohnung oder ein edleres Geschenk. Daher sei nicht ungeduldig auf das Ergebnis, sondern fahre vielmehr damit fort (zu beten), und erwarte in vollem Wissen, daß das Ergebnis zu deinen Gunsten ausfällt.

GEBETE AUS DEM HEILIGEN QURAN, TEIL 1

Der Heilige Quran bietet eine Fülle von Gebeten jeglicher Art, und sie sind es auch, die am häufigsten benutzt werden. Dies aus dem einleuchtenden Grund, daß ein von Allah gelehrtes Gebet seinen Zweck auf das Vollständigste erfüllt, und es ebenso in voller Übereinstimmung mit den Sehnsüchten der Seele steht. Weiterhin sind diese Gebete ebenfalls eine großzügig belohnende Quelle des Wissens um die Philosophie des Gebets und die Wirksamkeit göttlicher Attribute. Einige von ihnen werden im folgenden angeführt.

Der erste Teil der Gebete aus dem Heiligen Quran besteht aus Gebeten bestimmter Personen zu besonderen Gelegenheiten, der zweite Teil beinhaltet allgemeine Gebete aus dem Heiligen Quran.

Das Gebet, welches Abraham und Ismail rezitierten, während sie das Haus Allahs (die Ka'aba, d. Verf.) restaurierten:

رَبَّنَا تَقَبَّلْ مِنَّا ۖ إِنَّكَ أَنْتَ السَّمِيعُ الْعَلِيمُ ۚ رَبَّنَا وَاجْعَلْنَا مُسْلِمَيْنِ لَكَ وَمِنْ ذُرِّيَّتِنَا أُمَّةً مُسْلِمَةً لَّكَ ۖ وَأَرِنَا مَنَاسِكَنَا وَتُبْ عَلَيْنَا ۖ إِنَّكَ أَنْتَ التَّوَّابُ الرَّحِيمُ

<u>Lautschrift</u>: Rabbana takabal minna
innaka antaßamie-ul aliim.
Rabbana wadsch-alnaa Muslämänä'la-ka
wamin-surrija-tena,
Ummatamm 'Muslema tallaka wa-arenaa
wa alrenaa mana-ßekanaa watub 'aläna
innaka antat 'tawwa burrahiim.

d.h.
»Unser Herr, nimm dies von uns an; denn Du bist der All-
hörende, Allwissende. Unser Herr, mache uns beide Dir
ergeben und mache aus unserer Nachkommenschaft eine
Schar, die dir ergeben sei. Und weise uns unsere Wege der
Verehrung, und kehre Dich gnädig zu uns; denn Du bist der
oft gnädig Sich Wendende, der Barmherzige.« (Sura 2 Al-
Baqarah, Verse 128 und 129).

*Gebet der Kinder Israels, als sie dem Feind gegenüberstan-
den:*

$$ رَبَّنَا اَفْرِغْ عَلَيْنَا صَبْرًا وَثَبِّتْ اَقْدَامَنَا وَانْصُرْنَا $$
$$ عَلَى الْقَوْمِ الْكَفِرِيْنَ ٥ $$ (البقرة ٥١٢)

<u>Lautschrift</u>: Rabbana affrirch läna ßabrann wa ßabitt
akdaha-manaa wanßurna
alall kaumill kahfeiriin.

d.h.
»O unser Herr, gieße Standhaftigkeit über uns aus und fe-
stige unsere Schritte und hilf uns wider das ungläubige
Volk.« (Sura 2 Al-Baqarah, Vers 251)

Gebet des Zacharias:

$$\text{رَبِّ هَبْ لِي مِنْ لَدُنْكَ ذُرِّيَّةً طَيِّبَةً ۖ إِنَّكَ سَمِيعُ}$$
$$\text{الدُّعَآءِ ۝ (آل عمران ٣٩)}$$

<u>Lautschrift</u>: Rabbe habli milledunka surri-jatan tajebba innaka-ßani ud-do-aa.

d.h.
»Mein Herr, gewähre mir Du einen reinen Sprößling; wahrlich, Du bist der Erhörer des Gebets.« (Sura 3 Āl-Imrān, Vers 39)

Gebet der Jünger Jesu:

$$\text{رَبَّنَآ آمَنَّا بِمَآ أَنْزَلْتَ وَاتَّبَعْنَا الرَّسُولَ فَاكْتُبْنَا}$$
$$\text{مَعَ الشَّاهِدِينَ ۝ (آل عمران ٥٤)}$$

<u>Lautschrift</u>: Rabbana a-manaabämaa ansalltaa,
wattabaanarr Raßul'la,
facktubnaa ma-asch schaahädiin.

d.h.
»Unser Herr, wir glauben an das, was Du herabgesandt hast, und wir folgen diesem Gesandten. So schreibe uns ein unter die Bezeugenden.« (Sura 3 Āl-Imrān, Vers 54)

Demütige Bitte derjenigen unter den Menschen des Buches, die gläubig waren:

رَبَّنَآ اٰمَنَّا فَاكْتُبْنَا مَعَ الشّٰهِدِينَ ۞ وَمَالَنَا لَا

نُؤْمِنُ بِاللّٰهِ وَ مَاجَآءَ نَا مِنَ الْحَقِّ ۪ وَنَطْمَعُ اَنْ

يُّدْخِلَنَا رَبُّنَا مَعَ الْقَوْمِ الصّٰلِحِينَ ۞ (المائده ٨٥،٨٤)

Lautschrift: Rabbana ahmanaa facktubna
ma asch 'schahädiin.
Wa-mah-lanaa laa nomäno-billahä,
wa ma dscha-anaa mänal hakkä,
wa nattma-o anjud chälanaa Rabbona
ma-all kaumiß-ßoalähiin.

d.h.

»Unser Herr, wir glauben, so schreibe uns unter die Bezeugenden. Und weshalb sollten wir nicht an Allah glauben
und an die Wahrheit, die zu uns gekommen ist, wo wir innig
wünschen, daß unser Herr uns zu den Rechtgesinnten zäh-
len möge.« (Sura 5 Al-Mā'edah, Verse 84/85)

Gebet von Adam und dessen Frau:

رَبَّنَا ظَلَمْنَآ اَنْفُسَنَا ۚ وَ اِنْ لَّمْ تَغْفِرْلَنَا وَتَرْحَمْنَا

لَنَكُوْنَنَّ مِنَ الْخٰسِرِينَ (الاعراف ٢٤)

Lautschrift: Rabbana salammna an'foßanaa
wa illam tarch firhlanaa wa tarhammna
lanaku nanna mänall-chaßäriin.

»Unser Herr, wir haben wider uns selbst gesündigt; und
wenn Du uns nicht verzeihst und Dich unser erbarmst,
dann werden wir gewiß unter den Verlorenen sein« (Sura 7
Al-A'rāf, Vers 24)

*Demütige Bitte der Zauberer Pharaos, nachdem sie glaub-
ten:*

رَبَّنَآ اَفْرِغْ عَلَيْنَا صَبْرًا وَتَوَفَّنَا مُسْلِمِينَ (الاعرٰف)

<u>Lautschrift</u>: Rabbana affrirch allänaaßabrann
                    wa tawaffana Mußlemien.

d.h.

»Unser Herr, gieße Standhaftigkeit in uns und laß uns sterben als Gottergebene.« (Sura 7 Al-A'rāf, Vers 127)

Gebet von Noah beim Betreten der Arche:

بِسْمِ اللهِ مَجْرِهَا وَمُرْسٰهَا ۚ اِنَّ رَبِّيْ لَغَفُوْرٌ
رَّحِيْمٌ ۞ (الهود)

<u>Lautschrift</u>: Bismillahä madsch-rähaa wa murrßahaa,
                    inna Rabbi-la gafurrur Rahiim.

d.h.

»Im Namen Allah ist ihre Ausfahrt und ihre Landung.
Mein Herr ist wahrlich allverzeihend, barmherzig.« (Sura
11 Hūd, Vers 42)

Gebet des Josef:

فَاطِرَ السَّمٰوٰتِ وَالْاَرْضِ ۗ اَنْتَ وَلِيّ فِي الدُّنْيَا
وَالْاٰخِرَةِ ۚ تَوَفَّنِيْ مُسْلِمًا وَّاَلْحِقْنِيْ بِالصّٰلِحِينَ ۞
(اليوسف)

<u>Lautschrift</u>: Faatäraß 'ßamaa wate wall 'arß,
anta walie-ji-fiddunia
walachära tawaffanie Mußleman
wa'alhicknii his 'ßualähiin.

d.h.
»Oh Schöpfer der Himmel und der Erde, Du bist mein Be-
schützer in dieser Welt und in der künftigen. Laß mich sterben in Ergebenheit und vereine mich mit den Rechtschaffenen. (Sura 12 Yusuf, Vers 102)

Gebet des Heiligen Propheten (s):

رَبِّ اَدۡخِلۡنِیۡ مُدۡخَلَ صِدۡقٍ وَّ اَخۡرِجۡنِیۡ مُخۡرَجَ صِدۡقٍ
وَّاجۡعَلۡ لِّیۡ مِنۡ لَّدُنۡكَ سُلۡطٰنًا نَّصِیۡرًا ۞ (بنی اسرائیل ۸۱)

<u>Lautschrift</u>: Rabbe ad-chillnii mudd-chala ßiddkinn
wa ach-ridschnii much-radscha ßiddkin
wadsch-al-lii milladunka ßultaanann 'naßiira.

d.h.
»O mein Herr, laß meinen Eingang einen guten Eingang
sein, und laß meinen Ausgang einen guten Ausgang sein.
Und gewähre mir von Dir aus eine helfende Kraft.«
(Sura 17 Bāni Isrā'īl, Vers 81)

Gebet derjenigen, die in den Katakomben hausten:

رَبَّنَاۤ اٰتِنَا مِنۡ لَّدُنۡكَ رَحۡمَةً وَّهَیِّئۡ لَنَا مِنۡ
اَمۡرِنَا رَشَدًا ۞ (الكهف : ۱۰)

<u>Lautschrift</u>: Rabbana atenaa milladunka Rachmattan
wa hajje lanaa min 'amrenaa Raschadaa.

d.h.
»Unser Herr, gewähre uns Barmherzigkeit von Dir aus und
bereite uns einen Weg in unserer Sache.«
(Sura 18 Al-Kahf, Vers 11)

Gebet des Moses:

رَبِّ اشْرَحْ لِي صَدْرِي ٥ وَيَسِّرْ لِي أَمْرِي ٥
وَاحْلُلْ عُقْدَةً مِّن لِّسَانِي ٥ يَفْقَهُوا قَوْلِي ٥ (طه ٢٦-٢٩)

<u>Lautschrift</u>: Rabbisch-Rachlii soad-rii
wajaßirr-lii amrii wach-lull'uckdatann
milleßaanii jaffkahu kaulii.

d.h.
»Mein Herr, öffne mir meine Brust, und erleichtere mir
meine Aufgabe, und löse die Knoten meiner Zunge, daß sie
meine Rede verstehen.« (Sura 20 Tā-Hā, Verse 26 - 29)

Gebet des Heiligen Propheten (s):

رَبِّ زِدْنِي عِلْمًا ٥ (طه ١١٥)

<u>Lautschrift</u>: Rabbe siddnie illmaa.

d.h.
»O mein Herr, mehre mich an Wissen.«
(Sura 20 Tā-Hā, Vers 115)

Gebet des Hiob:

اَنِّيْ مَسَّنِيَ الضُّرُّ وَاَنْتَ اَرْحَمُ الـرَّاحِمِيْنَ ٥ (الانبیاء)

<u>Lautschrift</u>: Ann-nie maßa näjasu-roh
wa anta arhamurr Rahemiin.

d.h.
»(O Herr,) Unheil hat mich geschlagen, und Du bist der
Barmherzigste aller Barmherzigen.«

(Sura 21 Al-Anbiyā', Vers 84)

Gebet des Jonah:

لَآ اِلٰهَ اِلَّا اَنْتَ سُبْحٰنَكَ ٭ اِنِّيْ كُنْتُ مِنَ الظّٰلِمِيْنَ
(الانبیاء ٨٨)

<u>Lautschrift</u>: La illaha 'illa 'anta ßubhaanaka,
inii'e kunnto menas 'salämiin.

d.h.
»Es gibt keinen Gott außer Dir. Heilig bist Du! Ich bin fürwahr einer der Frevler gewesen.«

(Sura 21 Al-Anbiyā', Vers 88)

Gebet des Zacharias:

رَبِّ لَا تَذَرْنِيْ فَرْدًا وَّاَنْتَ خَيْرُ الْوَارِثِيْنَ ٥
(الانبیاء ٩)

<u>Lautschrift:</u> Rabbelaa 'tasarrnii farrdann
wa anta chärull wa rädhiin.

d.h.
»Mein Herr, lasse mich nicht einsam, und Du bist der Beste
der Erben.«   (Sura 21 Al-Anbiyā', Vers 90)

Gebet des Noah:

رَبِّ اَنْزِلْنِيْ مُنْزَلاً مُّبَرَكًاوَ اَنْتَ خَيْرُالْمُنْزِلِيْنَ
(المؤمنون) ۳

<u>Lautschrift:</u> Rabbe ansillnie munnsalamm mobahrackann
wa anta chärull munn-sellien.

d.h.
»Mein Herr, gewähre mir eine gesegnete Landung, denn
Du bist der beste Lotse.«
(Sura 23 Al-Mo'minūn, Vers 30)

Gebet des Heiligen Propheten (s):

رَبِّ اَعُوْذُ بِكَ مِنْ هَمَزَتِ الشَّيْطِيْنِ ه وَاَعُوْذُبِكَ
رَبِّ اَنْ يَّحْضُرُوْنِ ه   (المؤمنون ۹۸ ۰ ۹۹)

<u>Lautschrift:</u> Rabbe a-uso-beka min
hamasatisch'schajatjine,
wa a-uso-beka Rabbe äinj'jasoruun.

124

d.h.
»Mein Herr, ich nehme Zuflucht bei Dir vor den Einflüste-
rungen der Teufel. Und ich nehme meine Zuflucht bei Dir,
mein Herr, daß sie sich mir nicht nähern.«

(Sura 23 Al-Mo'minūn, Verse 98 und 99)

Gebet des Abraham:

$$رَبِّ هَبْ لِي حُكْمًا وَّ الْحِقْنِي بِالصّٰلِحِينَ ۙ وَاجْعَلْ$$
$$لِّي لِسَانَ صِدْقٍ فِي الْاٰخِرِينَ ۙ وَاجْعَلْنِي مِنْ$$
$$وَّرَثَةِ جَنَّةِ النَّعِيمِ ۙ$$

(الشعراء ٨٤ـ٨٧)

Lautschrift: Rabbe habbli huckmann
wa alhicknie bis ßoalehien,
wadschalnie läßanaa sidd-kinn fill-achärrien,
wadschalnie minn warraßate
dschaunattin na-iem.

d.h.
»Mein Herr, schenke mir Weisheit und füge mich zu den
Rechtschaffenen; und gib mit einen bleibenden Ruf bei den
künftigen Geschlechtern. Und mache mich zu einem Erben
des Gartens der Glückseligkeit.«

(Sura 26 Al-Schu'arā, Verse 84 bis 87)

Gebet des Salomon:

$$رَبِّ اَوْزِعْنِي اَنْ اَشْكُرَ نِعْمَتَكَ الَّتِي اَنْعَمْتَ عَلَيَّ$$
$$وَعَلٰى وَالِدَيَّ وَاَنْ اَعْمَلَ صَالِحًا تَرْضٰهُ وَاَدْخِلْنِي$$
$$بِرَحْمَتِكَ فِي عِبَادِكَ الصّٰلِحِينَ ۞$$ (النمل ١٩)

125

Rabbe a'u-sehnii an 'aschkora nähmaatte
kallatie an amta alläjja wa-alaa wa'alle dajja,
wa an-aamala ßoalehan tarr-saho
wa add-chillniebera matecka
ie 'ebaade kaß-ßoalehien.

d.h.
»Mein Herr, gib mir ein, dankbar zu sein für Deine Gnade,
die Du mir und meinen Eltern gewährt hast, und Gutes zu
tun, das Dir wohlgefällig sei, und nimm mich, durch Deine
Barmherzigkeit, unter Deine rechtschaffenen Diener auf.«
(Sura 27 Al-Naml, Vers 20)

Gebet des Abraham:

$$\rab\ هَبْ لِيْ مِنَ الصّٰلِحِيْنَ \circ \qquad \text{(الصّفّٰت ١٠)}$$

Lautschrift: Rabbe habblii mänass-ßoalehiin.

d.h.
»Mein Herr, gewähre mir einen rechtschaffenen (Sohn).«
(Sura 37 Al-Säffät, Vers 101)

Demütige Bitte der Engel im Namen der Rechtschaffenen:

رَبَّنَا وَسِعْتَ كُلَّ شَيْءٍ رَحْمَةً وَعِلْمًا فَاغْفِرْ
لِلَّذِيْنَ تَابُوا وَاتَّبَعُوا سَبِيْلَكَ وَقِهِمْ عَذَابَ
الْجَحِيْمِ ٠ رَبَّنَا وَأَدْخِلْهُمْ جَنَّاتِ عَدْنِ الَّتِيْ
وَعَدْتَّهُمْ وَمَنْ صَلَحَ مِنْ اٰبَآئِهِمْ وَأَزْوَاجِهِمْ
وَذُرِّيّٰتِهِمْ ط إِنَّكَ أَنْتَ الْعَزِيْزُ الْحَكِيْمُ ٥ وَقِهِمُ
السَّيّاٰتِ ط وَمَنْ تَقِ السَّيّاٰتِ يَوْمَئِذٍ فَقَدْ رَحِمْتَهُ

126

وَذٰلِكَ هُوَ الْفَوْزُ الْعَظِيمُ ٥   (المؤمن ٨ - ١٠)

Lautschrift: Rabbana waßäätta kulla schä-in
Rachmattan wa illmann,
farch-firch lilla-siina tahbu,
wattaba'ußabiillaka,
wackähim asaaball dschahiem.
Rabbanaa wa add-chill humm
dschannahte ad-ne nillatii
wa attahumm wa man-ßoalaha min'abah'ähim,
wa aswa dschähim wa suja-tähim,
inaka antall-asisull hakiim.
Wa-ke hemuß-ßaije-aht,
wa man-takiss ßaije'ahte jauma'äsinn
fakadd Rahimmta, wa saalekahowall
for-sullasiim.

d.h.

»Unser Herr, Du umfassest alle Dinge mit Barmherzigkeit
und Wissen. Vergib darum denen, die bereuen und Deinem Weg folgen; und bewahre sie vor der Strafe der Hölle.
Unser Herr, lasse sie eintreten in die Gärten der Ewigkeit,
die Du ihnen verheißen hast, wie auch jene ihrer Väter und
ihrer Frauen und ihrer Kinder, die rechtschaffen sind. Gewiß, Du bist der Allmächtige, der Allweise. Und bewahre
sie vor Übel, denn: wen Du vor Übel bewahrst an jenem
Tage – ihm hast Du wahrlich Barmherzigkeit erwiesen.
Und das ist die höchste Glückseligkeit.«

(Sura 40 Al-Mo'min, Verse 8 bis 10)

Gebet des Noah:

اَنِّى مَغْلُوبٌ فَانْتَصِرْهُ   (القمر ١١)

127

<u>Lautschrift</u>: Anniemarr-lubunn fanntaßirr.

d.h.

»(O Herr,) ich bin überwältigt, so hilf Du (mir).«

(Sura 54 Al-Qamar, Vers 11)

Gebet der Gefährten Abrahams:

رَبَّنَا عَلَيْكَ تَوَكَّلْنَا وَاِلَيْكَ اَنَبْنَا وَ اِلَيْكَ الْمَصِيْرُ
رَبَّنَا لَا تَجْعَلْنَا فِتْنَةً لِّلَّذِيْنَ كَفَرُوْا وَاغْفِرْلَنَا رَبَّنَا
اِنَّكَ اَنْتَ الْعَزِيْزُ الْحَكِيْمُ   (الممتحنة ٥)

<u>Lautschrift</u>: Rabbanaa aläka tawattkall naa
wa 'eläka an-nabnaa wa eläkall maßiir.
Rabbana la-tadsch 'alnaa
fittnatall lillasina kafaru warch-firch-lanaa
Rabbana innaka antall asisull Hakiem.

d.h.

»Unser Herr, in Dich setzen wir unser Vertrauen und zu
Dir kehren wir reuig um, und zu Dir ist zuletzt Einkehr.
Unser Herr, mache uns nicht zum Stein des Anstosses für
die Ungläubigen, und vergib uns, unser Herr, denn Du,
und Du allein, bist der Allmächtige, der Allweise.«

(Sura 60 Al-Mumtahanah, Verse 5 und 6)

*Gebet der Gläubigen, die an den Tag des Jüngsten Gerichts
glauben:*

رَبَّنَا اَتْمِمْ لَنَا نُوْرَنَا وَاغْفِرْلَنَا اِنَّكَ عَلَى كُلِّ
شَيْءٍ قَدِيْرٌ   (التحريم ٩)

<u>Lautschrift</u>: Rabanna attmimm-lanaa nuh-ranaa warch-
firch-lanaa, innaka alaa kullä schä-in-kaddir.

d.h.
»Unser Herr, mache unser Licht für uns vollkommen und
vergib uns, denn Du vermagst alle Dinge zu tun.«

(Sura 66 Al-Tahrīm, Vers 9)

(NEUE SEITE)

GEBETE AUS DEM HEILIGEN QURAN, TEIL II

Im folgenden nun einige allgemeine Gebete aus dem Heiligen Quran.

$$\text{غُفْرَانَكَ رَبَّنَا وَ اِلَيْكَ الْمَصِيُرُ ه}$$ (البقرة ٢٨٦)

Lautschrift: Ruff-ranaka Rabbana wa eläkall maßiirr.

d.h.
»Uns Deine Vergebung, o unser Herr! und zu Dir ist die Heimkehr.«   (Sura 2 Al-Baqarah, Vers 286)

$$\text{رَبَّنَا لَا تُؤَاخِذْنَا اِنْ نَسِينَا اَوْ اَخْطَأْنَا رَبَّنَا وَلَا}$$
$$\text{تَحْمِلْ عَلَيْنَا اِصْرًا كَمَا حَمَلْتَهُ عَلَى الَّذِينَ مِنْ}$$
$$\text{قَبْلِنَا رَبَّنَا وَلَا تُحَمِّلْنَا مَا لَا طَاقَةَ لَنَا بِهِ وَاعْفُ}$$
$$\text{عَنَّا وَاغْفِرْ لَنَا وَارْحَمْنَا اَنْتَ مَوْلَٰنَا}$$
$$\text{فَانْصُرْنَا عَلَى الْقَوْمِ الْكَافِرِينَ ه}$$ (البقرة ٢٨٦)

Lautschrift: Rabbana laa-toaa chisnaa
in-naßiinaa au ach-taanaa,
Rabbana wa-laa tachmill alähna'aißran
kama-hamalltahu alalla-sina minkable naa
Rabbana wa-laa tohamm millnaa
malaa toaa-kata lanaa-be,
wa 'fo'annah, warch-firch lanaa,

130

war-hamnaa, anta Maulana fann-ßurnaa
alall-kaumill kaa-feriin.

d.h.

»Unser Herr, strafe uns nicht, wenn wir uns vergessen oder
vergangen haben; unser Herr, lege uns nicht eine Verant-
wortung auf, wie Du sie denen auferlegt hast, die vor uns
waren. Unser Herr, bürde uns nicht auf, wozu wir nicht die
Kraft haben, und lösche unsere Sünden aus und gewähre
uns Vergebung und habe Erbarmen mit uns; Du bist unser
Meister; also hilf uns wider das ungläubige Volk.«

(Sura 2 Al-Baqarah, Vers 287)

رَبَّنَا لَا تُزِغْ قُلُوبَنَا بَعْدَ اِذْ هَدَيْتَنَا وَهَبْ لَنَا مِنْ
لَدُنْكَ رَحْمَةً ۚ اِنَّكَ اَنْتَ الْوَهَّابُ ٥
(آل عمران ٩)

Lautschrift: Rabbana laa to-sirh kolubanaa badaa
is-had'dätanaa wa-habb lanaa milladunka
Rachmatan innaka antall wa'haab.

d.h.

»Unser Herr, laß unsere Herzen nicht verderbt werden,
nachdem Du uns geleitet hast, und gewähre uns Gnade von
Dir; gewiß, Du allein bist der Gewährende.«

(Sura 3 Āl-Imrān, Vers 9)

رَبَّنَا اِنَّنَا اٰمَنَّا فَاغْفِرْ لَنَا ذُنُوبَنَا وَقِنَا عَذَابَ النَّارِ
(آل عمران ١٦)

<u>Lautschrift</u>: Rabbana ennanna amanna farch-firch lanaa
sonubbanaa wa känaa-asah bann 'naarr.

d.h.
»Unser Herr, siehe, wir glauben, vergib uns darum unsere
Sünden und bewahre uns vor der Strafe des Feuers.«
(Sura 3 Āl-Imrān, Vers 17)

اَللّٰهُمَّ مٰلِكَ الْمُلْكِ تُؤْتِى الْمُلْكَ مَنْ تَشَآءُ وَتَنْزِعُ
الْمُلْكَ مِمَّنْ تَشَآءُ ۢ وَتُعِزُّ مَنْ تَشَآءُ وَتُذِلُّ
مَنْ تَشَآءُ ۖ بِيَدِكَ الْخَيْرُ ۖ اِنَّكَ عَلٰى كُلِّ شَىْءٍ
قَدِيْرُۙه تُوْلِجُ الَّيْلَ فِى النَّهَارِ وَتُوْلِجُ النَّهَارَ فِى
الَّيْلِ ۖ وَتُخْرِجُ الْحَىَّ مِنَ الْمَيِّتِ وَتُخْرِجُ الْمَيِّتَ
مِنَ الْحَىِّ ۖ وَتَرْزُقُ مَنْ تَشَآءُ بِغَيْرِ حِسَابٍ٥ اٰل عمران
٢٦ ٢٧

<u>Lautschrift</u>: Allahumma mahlekall mullkä, to 'till mullka,
manntascha'o, wa tanse-ull mullka
mimmann daschaa'o, wa to-is'o mantaschaa'o,
wa to-sillo mantaschaa.
Bejaddekall chär.
Innaka alaa kulle schä-in kaddii-r.
Tulä dschul-lääla finnahaare,
wa tuule dschunnahaara fillääle,
wa tuch-redschul hai-ja mänal maj-jetä,
wa tuch-redschul mäj-jeta mänall hai-j,
wa tarsoko mantaschaa'o berä're hässaab.

132

d.h.

»O Allah, Herr der Herrschaft. Du gibst die Herrschaft, wem Du willst, und Du nimmst die Herrschaft, wem Du willst. Du erhöhst, wen Du willst, und erniedrigst, wen Du willst. In Deiner Hand ist alles Gute. Wahrlich, Du hast Macht über alle Dinge. Du lässest die Nacht übergehen in den Tag und lässest den Tag übergehen in die Nacht. Du lässest das Lebendige hervorgehen aus dem Toten und lässest das Tote hervorgehen aus dem Lebendigen. Und du gibst, wem Du willst, ohne zu rechnen.«

(Sura 3, Āl-Imrān, Verse 27 und 28)

رَبَّنَا مَا خَلَقْتَ هَـٰذَا بَاطِلًا ۚ سُبْحَانَكَ فَقِنَا عَذَابَ
النَّارِ ۝ رَبَّنَا اِنَّنَا سَمِعْنَا مُنَادِيًا يُنَادِي لِلْاِيمَانِ
اَنْ اٰمِنُوا بِرَبِّكُمْ فَاٰمَنَّا ۚ رَبَّنَا فَاغْفِرْ لَنَا ذُنُوبَنَا
وَكَفِّرْ عَنَّا سَيِّاٰتِنَا وَتَوَفَّنَا مَعَ الْاَبْرَارِ ۝ رَبَّنَا وَاٰتِنَا
مَا وَعَدْتَّنَا عَلَىٰ رُسُلِكَ وَلَا تُخْزِنَا يَوْمَ الْقِيَامَةِ
اِنَّكَ لَا تُخْلِفُ الْمِيعَادَ ۝   (اٰل عمران ۱۹۲،۱۹۵)

Lautschrift: Rabbana ma-chalackta haasaa baatelaa,
ßubhanaka fackenaa 'asaa bannaar.
Rabbana innannaa ßameh-naa
munadejann jonadie lill iimane an-amenu
berabbeckum fa'amannaa,
Rabbana farch-firch lanaa sonu-banaa
wackaffir anna sa-ije atenaa wa tawaffa
naa ma'all abrahr.

133

Rabbana wa-atenaa
ma wa-add 'tana-Allah roßoleka walaa
tuch-senaa jaumall kejama,
innaka laa tuchlefull mii 'ahd.

d.h.

»Unser Herr, Du hast dies nicht umsonst geschaffen; heilig
bist Du; errette uns denn vor der Strafe des Feuers. Unser
Herr, wir hörten einen Rufer, der zum Glauben aufruft:
»Glaubet an euren Herrn!« und wir haben geglaubt. Unser
Herr, vergib uns darum unsere Vergehen und nimm hinweg
von uns unsere Übel und zähle uns im Tode zu den Rechtschaffenen. Unser Herr, gib uns, was Du uns verheißen
durch Deine Gesandten; und stürze uns nicht in Schande
am Tage der Auferstehung. Wahrlich, Du brichst das Versprechen nicht.«

(Sura 3 Āl-Imrān, Vers 192, und die Verse 194 und 195)

رَبِّ اغْفِرْ وَارْحَمْ وَأَنْتَ خَيْرُ الرَّاحِمِينَ ٥ (المؤمنون)

Lautschrift: Rabbirh-firh warham
wa anta chärrurr rahämiin.

d.h.

»Mein Herr, vergib und habe Erbarmen, denn Du bist der
beste Erbarmer.«   (Sura 23 Al-Mo'minūn, Vers 119)

رَبَّنَا اصْرِفْ عَنَّا عَذَابَ جَهَنَّمَ إِنَّ عَذَابَهَا
كَانَ غَرَامًا   (الفرقان ٦٥)

Rabbanaß-riff annaa-asahba dschahannam,
inna-asabahaa kaana rhä-rhaammaa.

d.h.
»Unser Herr, wende von uns die Strafe der Hölle; denn
wahrlich, ihre Strafe ist langwährende Pein. Sie ist fürwahr
schlimm als Ruhestatt und als Aufenthalt.«
(Sura 25 Al-Furqān, Verse 66 und 67)

رَبَّنَا هَبْ لَنَا مِنْ اَزْوَاجِنَا وَذُرِّيَّتِنَا قُرَّةَ اَعْيُنٍ
وَّاجْعَلْنَا لِلْمُتَّقِيْنَ اِمَامًا ٥ (الفرقان ٥٦)

Lautschrift: Rabbana habblana min-aswa dschennah
wa sur-ri jaatena kurrata-ajoninn
wadschal naalill muttakiina imamaa.

»Unser Herr, gewähre uns an unseren Frauen und Kindern
Augentrost, und mache uns zu einem Vorbild für die
Rechtschaffenen.«   (Sura 25, Al-Furqān, Vers 75)

رَبِّ اَوْزِعْنِيْ اَنْ اَشْكُرَ نِعْمَتَكَ الَّتِيْ اَنْعَمْتَ عَلَيَّ
وَعَلٰى وَالِدَيَّ وَاَنْ اَعْمَلَ صَالِحًا تَرْضٰهُ وَاَصْلِحْ لِيْ
فِيْ ذُرِّيَّتِيْ ۚ اِنِّيْ تُبْتُ اِلَيْكَ وَاِنِّيْ مِنَ الْمُسْلِمِيْنَ
(الاحقاف ١٥)

Lautschrift: Rabbä ausenie an'aschkora nemata
khallatti an-amta ala-ija wa-alaa waale da-ijja,
wa-an-aamala ßoalehann tarr-saho,

wa-aßle liifii surrii-jatii,
inni tubb-to'äläka wa inni menall mußlemiin.

d.h.
»Mein Herr, sporne mich an, dankbar zu sein für Deine
Gnade, die Du mir und meinen Eltern erwiesen hast, und
Rechtes zu wirken, das Dir wohlgefallen mag. Und laß mir
meine Nachkommenschaft rechtschaffen sein. Siehe, ich
wende mich zu Dir; und ich bin einer der Gottergebenen.«
(Sura 46 Al-Ahqāf, Vers 16)

رَبَّنَااغْفِرْلَنَا وَلِاِخْوَانِنَاالَّذِيْنَ سَبَقُوْنَا بِالْاِيْمَانِ
وَلَاتَجْعَلْ فِيْ قُلُوْبِنَا غِلاًّ لِّلَّذِيْنَ اٰمَنُوْارَبَّنَاۤ اِنَّكَ
رَؤُوْفٌ رَّحِيْمٌ ۰   (الحشر ١١)

Lautschrift: Rabbanarh-firh lanaa
wa le-irchwaanenallasina
ßabbakuunaa bill 'imane,
wa laa tadsch-all
fiikullubena rhillan lillasina amanuh,
Rabbana innaka Ra'ufurr Rahiim.

d.h.
»Unser Herr, vergib uns und unsere Brüdern, die uns im
Glauben vorangingen, und lasse in unserem Herzen keinen
Groll gegen die Gläubigen. Unser Herr! Du bist fürwahr
gütig, barmherzig.«   (Sura 59 Al-Haschr, Vers 11)

Das nach der Sura Al-Fāteha umfassendste Gebet ist das
»Salat'ul Allannabi«, das Erflehen von Segnungen auf den
Heiligen Propheten Mohammed (s) (siehe Inhaltsverzeich-
nis).

GEBETE DES HEILIGEN PROPHETEN MOHAMMED (s)

1. *Nach dem Aufwachen:*

الْحَمْدُ لِلّٰهِ الَّذِىْ اَحْيَانَا بَعْدَ مَاۤ اَمَاتَنَا وَاِلَيْهِ النُّشُوْرُ

<u>Lautschrift</u>: Al hamdulillah hillasi ahjanaa baada ma
amatanaa wa ilä-hinnuschur.

d.h.

»Alle Lobpreisung gebührt Allah, Der uns wieder zum Leben gebracht hat, nachdem Er uns in einem Zusstand des Todes (im Schlaf) hielt, und zu Ihm ist die letzte Auferstehung.«

2. *Auf dem Weg zur Toilette:*

اَللّٰهُمَّ اِنِّىۤ اَعُوْذُ بِكَ مِنَ الْخُبُثِ وَالْخَبَآئِثِ

<u>Lautschrift</u>: Allahumma inni a'usobeka minal
chubtdhe wal chabaa-edhe.

d.h.

»O Allah, ich suche Schutz bei Dir vor jeglicher Unreinheit.«

3. *Beim Verlassen der Toilette:*

بِسْمِ اللّٰهِ غُفْرَانَكَ
الْحَمْدُ لِلّٰهِ الَّذِىْ اَذْهَبَ عَنِّى الْاَذٰى وَعَافَانِىْ ـ

<u>Lautschrift</u>: Bismillahi rhufranaka. Al hamdulillah 'hillasi
as'haba annil-asa wa'afaani.

137

d.h.
Im Namen Allahs, ich erflehe Deine Vergebung. Aller Preis
gebührt Allah, Der alles Krankmachende von mir entfernt
und mich wieder in meinen Normalzustand versetzt hat.«

4. *Beim Verlassen seines Hauses:*

$$بِسْمِ اللهِ تَوَكَّلْتُ عَلَى اللهِ اَللّٰهُمَّ اِنِّى اَعُوْذُ بِكَ$$
$$اَنْ اَضِلَّ اَوْ اُضَلَّ اَوْ اَزِلَّ اَوْ اُزَلَّ اَوْ اَظْلِمَ اَوْ$$
$$اُظْلَمَ اَوْ اَجْهَلَ اَوْ يُجْهَلَ عَلَىَّ ـ$$

<u>Lautschrift</u>: Bismillahi tawakkaltu'alallahi.
Allahumma inni a'usobeka an'adilla
au'odalla au'asilla au'osalla au'aslima
au'uslama au'adschala au'judschalu alajja.

d.h.
»Ich gehe fort im Namen Allahs und setze mein Vertrauen
in Allah. Es gibt keine Kraft, Gutes zu tun oder Stärke,
dem Üblen zu widerstehen, denn durch Allah. Ich flehe um
Deinen Schutz, o Allah, um nicht irrezugehen oder irrege-
leitet zu werden, nicht auszurutschen oder ausrutschen zu
lassen, nicht Unrecht zuzufügen oder daß mir nicht Unrecht zugefügt wird, mich nicht irgendjemandem gegenüber mißzuverhalten, oder daß sich irgendjemand mir gegenüber mißverhält.«

5. *Beim Heimkommen:*

$$اَللّٰهُمَّ اِنِّى اَسْئَلُكَ خَيْرَ الْمَوْلَجِ وَخَيْرَ الْمَخْرَجِ$$
$$بِسْمِ اللهِ وَلَجْنَا وَعَلَى اللهِ رَبِّنَا تَوَكَّلْنَا ـ$$

138

<u>Lautschrift</u>: Allahumma inni aß'aloka-chäral ma'uladsche
wa chäral makradsche
bismillahi waladschnaa wa'alallahi
rabbinaa tawakkalnaa.

d.h.
»O Allah, ich erbitte von Dir einen guten Eingang und daß
das Gute anhält. Wir treten ein im Namen Allahs und setzen all unser Vertrauen in Allah, unseren Herrn.«

6. *Bevor man anfängt zu essen:*

بِسْمِ اللهِ وَعَلَى بَرُكَةِ اللهِ

<u>Lautschrift</u>: Bismillahi wa'alaa barkatillahe.

d.h.
»Im Namen Allahs und mit Allahs Segnungen.«

7. *Nach Beendigung der Mahlzeit:*

اَلْحَمْدُ لِلَّهِ الَّذِي اَطْعَمَنَا وَسَقَانَا وَجَعَلَنَا مِنَ الْمُسْلِمِينَ

<u>Lautschrift</u>: Alhamdulilla hillasi at-amanaa wa ßakaanaa
wadscha'alanaa minal mußlimiin.

d.h.
»Aller Preis gebührt Allah, Der uns zu Essen und zu Trinken gegeben und uns zu Muslimen gemacht hat.«

8. *Am Ende eines Festes:*

اَللّٰهُمَّ بَارِكْ لَهُمْ فِيْمَا رَزَقْتَهُمْ وَاغْفِرْ لَهُمْ وَارْحَمْهُمْ

Lautschrift: Allahumma baariklahum-fima rasakktahum
warh-firh lahum warham-hum.

d.h.

»O unser Herr, segne Du sie mit dem, mit dem Du sie versorgt hast und vergib ihnen und erweise ihnen Deine Barmherzigkeit.«

9. *Beim Anziehen eines neuen Kleidungsstückes:*

اَللّٰهُمَّ لَكَ الْحَمْدُ كَمَا كَسَوْتَنِيْهِ اَسْأَلُكَ خَيْرَهُ
وَخَيْرَ مَا صُنِعَ لَهُ وَاَعُوْذُ بِكَ مِنْ شَرِّهِ وَشَرِّمَاصُنِعَ لَهُ

Lautschrift: Allahumma lakalhamdu-kamaa
kaßa'utanihe aßaluka
chärahu wa chährama ßonea 'lahu
wa a'usubeka min scharrihi
wa-scharrima ßone 'lahu.

d.h.

»Aller Preis gebührt Dir, o Allah. Da Du dieses Kleidungs-
stück für mich zum Tragen bestimmt hast, erbitte ich dies-
betreffend alles Gute von Dir und alles Gute bezüglich des
Zwecks, für den es hergestellt wurde; und ich erflehe Deinen Schutz gegen alles Böse es betreffend und gegen alles
Böse, was auf den Zweck, für den es hergestellt wurde, be-
zogen sein mag.«

10. *Auf dem Weg zur Moschee:*

اَللّٰهُمَّ اجْعَلْ فِى قَلْبِى نُوْرًا وَاجْعَلْ فِى لِسَانِى نُوْرًا
وَاجْعَلْ فِى سَمْعِى نُوْرًا وَاجْعَلْ فِى بَصَرِى نُوْرًا
وَاجْعَلْ مِنْ خَلْفِى نُوْرًا وَاجْعَلْ مِنْ اَمَامِى نُوْرًا وَاجْعَلْ
مِنْ فَوْقِى نُوْرًا وَاجْعَلْ مِنْ تَحْتِى نُوْرًا اَللّٰهُمَّ
اَعْطِنِى نُوْرًا ـ

Lautschrift: Allahumma-dschalfi kalbi-nuran,
               wadschal-fi lißani nuran,
               wadschal-fi ßami nuran,
               wadschal-fi baßri nuran,
               wadschal-min khalfi nuran,
               wadschal-min amami nuran,
               wadschal-min fa'uki uran,
               wadschal-min taati nuran,
               Allahumma'atini nuran.

d.h.
»O Allah, tue Licht in mein Herz, und tue Licht auf meine
Zunge, und tue Licht in meine Ohren, und tue Licht in
meine Augen, und tue Licht hinter mich, und tue Licht vor
mich, und tue Licht über mich, und tue Licht unter mich,
und umhülle mich mit Licht, o Allah.«

11. *Beim Krankenbesuch:*

اَللّٰهُمَّ رَبَّ النَّاسِ اَذْهِبِ الْبَاسَ اِشْفِ اَنْتَ
الشَّافِى لَا شِفَآءَ اِلَّا شِفَآؤُكَ شِفَآءً لَا يُغَادِرُ سَقَمًا

<u>Lautschrift:</u> Allahumma rabbann-naaße
as'hibil baaßa'ischfe antasch'schafii
laschifaa a'illa-schifa'uka schifaan
laa-jurrha-dero ßakaman.

d.h.
»Nimm dieses Leiden hinweg, o Herr der Menschheit, und
schenke Heilung, denn Du bist der Heiler; es gibt keine
Heilung außer Deiner Heilung, eine Heilung, die keine
Krankheit hinterläßt.«

12. *Am Sarg:*

انّا لِلّٰه وَاِنّاۤ اِلَيْهِ رٰجِعُوْنَ ۔ اَللّٰهُمَّ اجُرْنِ فِنْ
مُصِيْبَتِيْ وَاخْلُفْ لِيْ خَيْرًا مِنْهَا اَللّٰهُمَّ اغْفِرْلِهِ
(اِسْمِ الْمُتَوَفّٰى) وَارْفَعْ دَرَجَتَهُ فِى الْمَهْدِيِّيْنَ وَاخْلِفْهُ
فِيْ عَقِبِهِ فِى الْغَابِرِيْنَ وَاغْفِرْلَنَا وَلَهُ يَارَبَّ
الْعٰلَمِيْنَ وَافْتَحْ لَهُ فِيْ قَبْرِهِ وَنَزِّرْلَهُ فِيْهِ

<u>Lautschrift:</u> Inna-lillahe wa'inna-elähe raadsche'un.
Allahumma dschurni fi-muß'-bati
wakhrluf-li-chäran minha.
Allahummaghfirli …
(Name der/des Verstorbenen).
Warfaa-daradschata hufilmaa dijjina
wach-lifhu fi'akebeii'fil-rhaberina
warh-firh-lanaa walahuja raball aalamiina
waftaa-lahu fi-kabrehi
wa nawwirlahu fihi.

142

d.h.
»Von Allah kommen wir und zu Allah kehren wir zurück.
O mein Herr, stütze Du mich in diesem schmerzlichen Verlust und ersetze Du diesen Verlust mit etwas Besserem an
seiner Stelle. O mein Herr, vergib Du ... *(Name der/des
Verstorbenen)* und erhöhe sie/ihn unter die Rechtgeleite-
ten, und bringe Du einen unter uns dazu, ihre/seine Stelle
einzunehmen. Vergib Du uns wie auch ihr/ihm. O Herr der
Welten, und mache Du ihre/seine Welt weit für sie/ihn in
ihrem/seinem Grab und versieh sie/ihn dort mit Deinem
Licht.«

13. *Beim Friedhofsbesuch:*

اَلسَّلَامُ عَلَيْكُمْ دَارَقَوْمٍ مُّؤْمِنِينَ وَاِنَّا اِنْ شَآءَ اللّٰهُ
بِكُمْ لَاحِقُوْنَ ۔ اَلسَّلَامُ عَلَيْكُمْ يَا اَهْلَ الْقُبُوْرِيَغْفِرُ
اللّٰهُ لَنَا وَلَكُمْ اَنْتُمْ سَلَفُنَا وَنَحْنُ بِالْاَثَرِ ۔

Lautschrift: Assalamo alaikum daara'kaumin momenina,
wa innaa inscha'allaho-bekum laahekuuna.
Assalamo alaikum ja'alall-kobure
jarh-ferullaho-lanaa wallakum
antum-ßalaffona wa nanno-bil adhare.

d.h.
»Friede sei auf euch, o ihr Gläubigen unter den Bewohnern
dieser Gräber, Gläubige an und Unterwürfige zu Allah.
Wir werden mit euch zusammentreffen gemäß Allahs Willen. Wir bitten Allah um Schutz für euch und für uns.«

14. *Heiratsglückwünsche:*

بَارَكَ اللهُ لَكَ بَارَكَ اللهُ لَكَ وَبَارَكَ عَلَيْكُمَا وَجَمَعَ بَيْنَكُمَا فِى خَيْرٍ ۰

Lautschrift: Barakallaho-laka barakallaho-laka.
Wa baraka alaikuma
wa-dschama'a bä'ina-kumaa fi-chärihii.

d.h.
»Möge Allah euch beiden Seinen Segen verleihen und Einklang zwischen euch hervorbringen in Wohltätigkeit.«

15. *Gebet für die neue Braut:*

اَللّٰهُمَّ اِنِّى اَسْئَلُكَ مِنْ خَيْرِهَا وَخَيْرِمَاجَبَلْتَهَا عَلَيْهِ وَ اَعُوذُ بِكَ مِنْ شَرِّهَا وَشَرِّمَاجَبَلْتَهَاعَلَيْهِ

Lautschrift: Allahumma inni aßaluka minn-chäriha
wachärama dschabaltahaa alähi,
wa a'usobeka minscharriha wa-scharrima
dschabaltaha alähi.

d.h.
»O mein Herr, ich erbitte von Dir das Gute an ihr und das Gute dessen, was ihr inneliegt, und ich suche Zuflucht bei Dir vor dem an ihr, das Kummer erregt und dem kummervollen Teil ihrer Natur.«

16. *Bei der Vereinigung von Mann und Frau:*

بِسْمِ اللهِ اَللّٰهُمَّ جَنِّبْنَا الشَّيْطَنَ وَجَنِّبِ الشَّيْطَنَ مَا رَزَقْتَنَا ۰

144

<u>Lautschrift</u>: Bismillahe Allahumma dschannibb,
nasch-scha'itana wa dschannibisch'scha'itana
maa rasaktanaa.

d.h.

»Im Namen Allahs! Beschütze uns, o Allah, vor allem
Üblen, und halte alles Übel von dem fern, das Du uns
schenken magst.«

17. *Während des Einkaufens:*

لِسمِ اللهِ اللّٰهُمَّ اِنّي اَسْئَلُكَ خَيْرَ هٰذَا
السُّوقِ وَخَيْرَ مَا فِيهَا وَاَعُوذُ بِكَ مِنْ شَرِّهَا
وَشَرِّ مَا فِيهَا اللّٰهُمَّ اِنّي اَعُوذُ بِكَ اَنْ اُصِيبَ
فِيهَا صَفْقَةً خَاسِرَةً ۔

<u>Lautschrift</u>: Bismillahi allahumma inni
aß'aloka-chärah asassukä wa chärama-fiha
wa a'usobeka min scharriha wa scharrima-fihaa.
Allahumma inni a'usubika an'aßiba-fiha
ßafkatann chaaßeratann.

d.h.

»Im Namen Allahs. O Allah, ich ersuche Dich um das Beste dieser Straße, und um das Beste, was sich darin befindet. Und ich suche Schutz bei Dir vor ihrem Unrecht und
dem Schädlichen in ihr. O Allah, ich ersuche Deinen
Schutz vor einem schlechten Handel.«

18. *Um Leiden oder Betrübnis zu entgehen:*

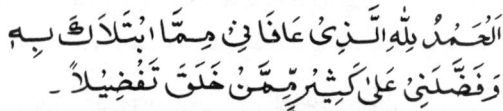

Lautschrift: Alhamdulillah hillasi aafaanii
mim'mabtalaaka-bihi wa fad'dalani alaa
katiriin mimman-rhala katafdilaa.

d.h.
»Aller Preis gebührt Allah, Der mich vor dem bewahrt hat,
mit was Er euch betrübt hat, und Der mir den Vorzug gegeben hat vor vielen anderen Seiner Kreaturen.«

19. *Beim Erreichen seines Ziels:*

اَلْعَمُدُ لِلّٰهِ الَّذِيْ بِنِعْمَتِهِ تَتِمُّ الصّٰلِحْتُ ـ

Lautschrift: Alhamdulilla hillasi-bi-nii,
matihi-tatimmuß 'ßoalehaatoo.

d.h.
»Aller Preis gebührt Allah, Dessen Gnade allein alle guten
Dinge zur Erfüllung bringt.«

20. *Sich dem Göttlichen Willen ergebend:*

اَلْعَمُدُ لِلّٰهِ عَلٰى كُلِّ حَالٍ ـ

Lautschrift: Alhamdulillahi-alakulli haalinn.

d.h.
»Allah allein ist anbetungswürdig in jedem Zustand und in jeder Lage.«

21. *Angesichts einer unerwünschten Nacht:*

$$اَللّٰهُمَّ لَا يَأْتِى بِالْحَسَنَاتِ اِلّآ اَنْتَ وَلَا يَدْ فَـعُ
السَّيِّئَاتِ اِلّآ اَنْتَ وَلَا حَوْلَ وَلَا قُوَّةَ اِلَّا بِاللّٰهِ ۔$$

Lautschrift: Allahumma-laajati bil-haßanaati'illa'anta,
              wa laajad-fa'uß-sajje'aate'illa'anta,
              wa laahaula walaa-kuwwata'illa-billaahe.

d.h.
»O Allah, niemand kann Gutes bringen außer Dir, und niemand kann Übles verhindern außer Dir. Und es gibt weder Kraft noch Stärke denn bei Allah.«

22. *Um einen Verlust wettzumachen:*

$$عَسٰى رَبُّنَا اَنْ يُّبْدِلَنَا خَيْرًا مِّنْهَا اِنَّآ اِلٰى رَبِّنَا
رٰغِبُوْنَ ۔$$

Lautschrift: Aßaa rabbunaa äi-jjubde-lanaa
              rhäran-minhaa innaa'ilaa
              rabbinaa raarhebuuna.

d.h.
»Mag sein, unser Herr wird es uns mit etwas Besserem vergelten; wir wenden uns zu Ihm allein (in unserem Verlust).«

23. *Gegen die üblen Folgen großen Zorns:*

اَللّٰهُمَّ اغْفِرْلِيْ ذَنْبِيْ وَاذْهِبْ غَيْظَ قَلْبِيْ وَاَجِرْنِيْ
مِنَ الشَّيْطٰنِ الرَّجِيْمِ ۔

<u>Lautschrift</u>: Allahummarh-firh-lii-sambii-was'hibb,
rhäsa kalbi wa adschirnii
minasch'scha'itaa 'nirradschiim.

d.h.
»O unser Herr, vergib Du mir meine Sünden und nimm den
würgenden Zorn aus meinen Herzen, und gewähre Du mir
Zuflucht bei Dir vor Satan, dem Verfluchten.«

24. *In Verteidigung gegen einen Feind:*

اَللّٰهُمَّ اِنَّا نَجْعَلُكَ فِيْ نُحُوْرِهِمْ وَنَعُوْذُبِكَ
مِنْ شُرُوْرِهِمْ ۔

<u>Lautschrift</u>: Allahumma innaa-nadschaluka
fi-nohuurehimm,
wa na'usobeka minschuru-rehim.

d.h.
»O Allah, wir setzen Dich gegen sie, und ersuchen Deinen
Schutz gegen ihr Unheil.«

25. *Gebet um Stärke gegen den Feind:*

اَللّٰهُمَّ اَنْتَ عَضُدِيْ وَنَصِيْرِيْ بِكَ اَحُوْلُ وَبِكَ
اُقَاتِلُ ۔

148

<u>Lautschrift</u>: Allahumma antaadudi wa naßiri-bika,
ahulu wa-bika okaatelo.

d.h.
»O Allah, Du allein bist mein starker Arm und mein Hel-
fer. Es ist mit Deiner Stärke, daß ich umhergehe, und es ist
mit Deiner Hilfe, daß ich meine Schlacht kämpfe.«

26. *Bei Reisebeginn:*

اَللّٰهُ اَكْبَرُ اَللّٰهُ اَكْبَرُ اَللّٰهُ اَكْبَرُ سُبْحٰنَ الَّذِى سَخَّرَ
لَنَا هٰذَا وَمَا كُنَّا لَهُ مُقْرِنِينَ وَ اِنَّا اِلٰى رَبِّنَا
لَمُنْقَلِبُونَ اَللّٰهُمَّ اِنَّا نَسْئَلُكَ فِى سَفَرِنَا هٰذَا
الْبِرَّ وَالتَّقْوٰى وَمِنَ الْعَمَلِ مَا تَرْضٰى اَللّٰهُمَّ
هَوِّنْ عَلَيْنَا سَفَرَنَا هٰذَا وَاطْوِ عَنَّا بُعْدَهُ ـ

<u>Lautschrift</u>: Allaho-akbar, Allaho-akbar, Allaho-akbar.
ßubhanallasi-ßarch-ara-lanaa hasaa,
wa-maa kunnaa-lahu mukreniinaa,
wa innaa'ilaa rabbina-la-munkwalibuna.
Allahumma innaa-naßaluka
fi-ßafarinaa-hasallbirra,
wat 'takwaa wa minall'amale-maa-tardaa.
Allahumma-hawwin-alä-naa
ßafaranaa-haasaa, wat-we-annaa-bodahu.

d.h.
»Allah ist der Größte. Allah ist der Größte. Allah ist der
Größte. Alle Herrlichkeit gebührt Ihm, Der es (Fortbewe-

149

gungsmittel) uns dienlich gemacht hat, während wir doch kein Vermögen hatten, es zu beherrschen. Wahrlich, wir werden alle zu Ihm zurückkehren. O Allah, wir ersuchen von Dir auf dieser unserer Reise Tugend und Rechtschaffenheit und solche Taten, die in Deinen Augen gefällig sind. O Allah, erleichtere Du für uns diese unsere Reise und verkürze ihre Dauer.«

27. *Beim Abschiednehmen:*

اَسْتَوْدِعُ اللهَ دِيْنَكَ وَاَمَانَتَكَ وَاخِرَعَمَلِكَ
زَوَّدَكَ اللهُ التَّقْوٰى وَغَفَرَذَ نْبَكَ وَلَيَسَّرَلَكَ
الْغَيْرَحَيْثُ مَاكُنْتَ ۔

Lautschrift: Aßta'udi-ullaha-diinaka,
              wa amaanataka wa acheraa-amaleka
              sawwada-kallaa-huttakwaa,
              wa rafara-asambaka
              wa jaßarra-lakal-chära hä'dhomaa-kunte.

d.h.
»Ich übergebe an Allah deinen Glauben und dein Vertrauen sowie die Höhepunkte deiner Taten. Möge Allah dir Rechtschaffenheit geben als eine Vorsorge, möge Er dir deine Sünden vergeben sowie es dir leicht machen, Gutes und Tugend zu erreichen, wo immer du auch sein magst.«

28. *Beim Heraufgehen einer Anhöhe:*

اَللّٰهُمَّ لَكَ الشَّرَفُ عَلٰى كُلِّ شَرَفٍ وَلَكَ الْعَمْدُ
عَلٰى كُلِّ حَالٍ ۔

150

Lautschrift: Allahumma-lakasch'scharfo
alaa-kulli-scharfin,
walak alhamdo'alaa kulle-haalin.

d.h.

»O Allah, Dir gebührt Ehre über jeder anderen Ehre, und
Dein ist alle Lobpreisung, in welchem Zustand auch immer
wir sind.«

29. *Beim Herabgehen von einer Anhöhe:*

اٰئِبُوْنَ تَآئِبُوْنَ عٰبِدُوْنَ لِرَبِّنَاحَامِدُوْنَ ـ

Lautschrift: A'ebunaa taa'ebunaa ab'edunaa lirab'binaa
haameduuna.

d.h.

»Rückkehrend, bereuend, anbetend und die Lobpreisung
unseres Herrn verherrlichend.«

30. *Gebet für die Kranken:*

رَبُّنَا الَّذِىْ فِى السَّمَآءِ تَقَدَّسَ اسْمُكَ اَمْرُكَ فِى
السَّمَآءِ وَالْاَرْضِ كَمَا رَحْمَتُكَ فِى السَّمَآءِ فَاجْعَلْ
رَحْمَتَكَ فِى الْاَرْضِ اغْفِرْلَنَا حُوْبًا وَخَطَايَانَا اَنْتَ رَبّ
الطَّيِّبِيْنَ اَنْزِلْ رَحْمَةً مِّنْ رَحْمَتِكَ وَشِفَآءً مِنْ
شِفَآءِكَ عَلٰى هٰذَا الْوَجَع ـ

Lautschrift: Rabbu-nallasi fiß-samaa'e
takaddaßa'ißmuka amruka,
fiß-samaa'e wal-arse-kamaa rachmatuka,
fiß-samaa'e-fadsch'all rachmataka,

151

fil'ardhe irr-fir-lanaa-hubann,
wa chataajaanaa anta rabbattajjebiinaa'ansil
rachmatan min-rachmatika wa schifaa'an
min-schefa'eka-alaa haasall wadsch'e.

d.h.

»O unser Herr, Der Du bist im Himmel, verherrlicht sei
Dein Name. Dein Wille geschieht im Himmel und auf Er-
den. So wie Deine Gnade im Himmel vorherrscht, so laß'
sie auch auf der Erde wirken. Vergib uns unsere Sünden so-
wie unsere Übertretungen. Du bist der Herr der Reinen.
Sende Deine Gnade herab aus Deinen mannigfaltigen
Gnaden, und sende Deine Heilung aus Deiner Fülle zur
Heilung dieser Krankheit.«

31. *Für das allgemeine Wohlsein:*

$$\text{اَلْحَمْدُ لِلّٰهِ الَّذِىْ كَفَانِىْ وَاٰوَانِىْ وَالْعَمْدُ بِتّٰهِ}$$
$$\text{الَّذِىْٓ اَطْعَمَنِىْ وَسَقَانِىْ وَالْحَمْدُ لِلّٰهِ الَّذِىْ مَنَّ}$$
$$\text{عَلَىَّ اَسْئَلُكَ اَنْ تُجِيْرَنِىْ مِنَ النَّارِ ـ}$$

Lautschrift: Alhamdulilla hillasi kafaani wa aawani
wal-hamdulilla hillasi at'ammani wassakaani
wal-hamdulilla hillasi manna alajja
aß'aloka an-tudschiiranii-menannaarr.

d.h.

»Aller Preis gebührt Allah, Der mich genügend ausgerüstet
hat für jedes Bedürfnis und Der mir Zuflucht gewährt hat.
Und gepriesen sei Allah, Der mir zu Essen und zu Trinken
gegeben hat. Und aller Preis gebührt Allah, Der gütig zu
mir gewesen ist. Ich bitte dich, mich vor der Hölle zu ret-
ten.«

152

32. *Um während der Reise eine Nacht voller Schrecken ab-
zuwehren:*

$$\text{يَا أَرْضُ رَبِّي وَرَبُّكِ اللهُ أَعُوذُ بِاللهِ مِنْ شَـرِّكِ}$$

$$\text{وَشَـرِّ مَا فِيكِ وَشَـرِّ مَا خُلِقَ فِيكِ وَشَـرِّ مَـا}$$

$$\text{يَـدُبُّ عَلَيْكِ أَعُوذُ بِاللهِ مِنْ شَـرِّ كُلِّ أَسَـدٍ}$$

$$\text{وَحَيَّـةٍ وَّعَقْرَبٍ وَمِنْ شَـرِّ سَاكِنِ الْبَلَدِ وَمِنْ}$$

$$\text{شَـرِّ وَالِـدٍ وَّمَا وَلَـدَ ۔}$$

Lautschrift: Jaa'arso-rabbi wa rabbo-killaho
a'usubillahe min-scharreke wa scharrema-fiike,
wa scharrema-koleka-fiike,
wa scharrema jadubbo-alä'ike
a'usubillahe min-scharre-kulle-aßadin,
wa hajjatinn wa akrabbin,
wa min-scharre-ßake nill-ballade,
wa min-scharre-waaledin,
wa-maa-waladd.

d.h.
»O Erde. Allah ist mein Herr und dein Herr. Ich suche Zuflucht bei Allah vor dem Bösen und dem Bösen, das in dir
ist sowie dem Bösen, das auf dir geschaffen wurde, und vor
dem Bösen von allem, was auf dir herumschreitet. Ich suche Zuflucht bei Allah vor Schaden durch jeden Tiger,
durch jede Schlange und durch jeden Skorpion, wie auch
vor dem Schaden durch jeglichen Stadtbewohner und allem, was Nachkommenschaft hervorbringt.«

Anmerkung: Nach diesem Gebet werden die Hände vor

das Gesicht gehalten und in dieser Haltung die letzten drei Suren aus dem Heiligen Quran rezitiert.

33. *Bei geistiger Unruhe und Erregung:*

اَللّٰهُمَّ اسْتُرْ عَوْرَاتِنَا وَ اٰمِنْ رَوْعَاتِنَا ۔

<u>Lautschrift</u>: a) Allahumm'maßtur auraatinaa wa'aamin ra'u-aatenaa.

d.h.

»O Allah, bedecke Du unsere Nacktheit und sichere Du uns gegen unsere Aufregung.«

اَللّٰهُمَّ رَحْمَتَكَ اَرْجُوْ فَلَا تَكِلْنِيْ اِلٰى نَفْسِيْ طَرْفَةَ عَيْنٍ وَاَصْلِحْ شَاْنِيْ كُلَّهُ لَا اِلٰهَ اِلَّا اَنْتَ ۔

<u>Lautschrift</u>: b) Allahumma-rachmataka'ardschu 'fala takilnii, ila-nafßi turfata'änin-waßle schani kullahu, laa-illaaha'illa anta.

d.h.

»O Allah, ich strebe nach Deiner Gnade, so laß' nicht dieses Selbst von mir mich auch nur für ein Augenzwinkern in Besitz nehmen, und richte alle meine Angelegenheit aufs rechte. Es gibt keinen Gott außer Dir.

يَا حَيُّ يَا قَيُّوْمُ بِرَحْمَتِكَ اَسْتَغِيْثُ ۔

<u>Lautschrift</u>: c) Jahajjo-jaa kajjumo bir-rachmateka astarhiiso.

d.h.

O Du, Lebendiger und Sich-Selbsterhaltender Gott. Ich strebe nach Deiner Gnade, daß sie mir in meiner Not helfen kann.

$$\text{لَآ اِلٰهَ اِلَّا اللّٰهُ الْعَظِيمُ الْحَكِيمُ لَآ اِلٰهَ اِلَّا اللّٰهُ}$$

$$\text{رَبُّ الْعَرْشِ الْعَظِيمِ لَآ اِلٰهَ اِلَّا اللّٰهُ رَبُّ السَّمٰوٰتِ}$$

$$\text{وَرَبُّ الْاَرْضِ وَرَبُّ الْعَرْشِ الْكَرِيمِ ۔}$$

<u>Lautschrift</u>: d) La elaha illalla-hul aasimull hakiimo,
     la elaha illallaaho rabbul arschil aasiime,
     la elaha illalaho-rabbus-saamaawate,
     wa rabbul-arse wa rabbul-arschil kariim.

d.h.

»Es gibt keinen Gott außer Allah, dem Großen, dem Weisen. Es gibt keinen Gott außer Allah, dem Herrn des mächtigen Throns. Es gibt keinen Gott außer Allah, Der der Herr der Himmel und der Erde ist und der Herr des prächtigen Throns.«

<u>Anweisung</u>: Sich zum Himmel wendend soll man morgens und abends wiederholen: »Allah! Allah! Er ist mein Herr. Ich setze ihm keinen Partner bei. Heilig ist Allah der Machtvolle. Heilig ist Allah, wert allen Preises.«

34. *Morgengebet und Abendandacht:*

$$\text{بِسْمِ اللّٰهِ الَّذِىٰ لَا يَضُرُّ مَعَ اسْمِهِ شَىْءٌ فِى}$$

$$\text{الْاَرْضِ وَلَا فِى السَّمَآءِ وَهُوَ السَّمِيعُ الْعَلِيمُ ۔}$$

Bismilla-hillasi-laa-jadurru
ma'a'ißmehi'schä'unn, fil-arse-wala fiß-sama'e
wa huwaß-sami'ul aliim.

d.h.
»Im Namen Allahs, mit der Hilfe Dessen Namens nichts
auf der Erde oder im Himmel verletzen kann; und Er ist der
Allhörende, der Allwissende.«

35. *Das Abendgebèt:*

اَمْسَيْنَا وَ اَمْسَى الْمُلْكُ لِلّٰهِ وَهُوَعَلٰى كُلِّ شَيْءٍ قَدِيْرٌ
رَبِّ اَسْئَلُكَ خَيْرَمَا فِى هٰذِهِ اللَّيْلَةِ وَخَيْرَ مَا
بَعْدَهَا وَاَعُوْذُ بِكَ مِنْ شَرِّ مَا فِى هٰذِهِ
اللَّيْلَةِ وَمِنْ شَرِّ مَا بَعْدَهَا رَبِّ اَعُوْذُ بِكَ مِنَ
الْكَسَلِ وَمِنْ سُوْءِ الْكِبَرِوَالْكُفْرِ رَبِّ اَعُوْذُ بِكَ
مِنْ عَذَابٍ فِى النَّارِ وَعَذَابٍ فِى الْقَبْرِ۔

Lautschrift: Amßäänaa wa amßal'mulku-lillahi
wahuwa aala-kulli schä'inn-kadiir'rabbe
aß'alloka häramaafi hasi-hillälate,
wa chäramaa baadaha wa a'usobeka
min-scharre-maafi hase-hillälate,
wa min-scharremaa baadaha rabbi
a'usobeka minall-kaßle,
wa min-ßuu'ill-kebare wal kufre rabbe
a'usobeka min-asaabin fin'naari
wa asaabin fil-kabri.

156

d.h.

»Der Abend ist über uns gekommen, und es ist Abend im
ganzen Land gemäß Allahs Befehl. Er hat die Macht über
alle Dinge. Mein Herr, ich erbitte von Dir das Gute dieser
Nacht und das Gute, das ihr folgen wird. Und ich suche
Schutz bei Dir gegen das, was in dieser Nacht auch immer
schädlich sein mag, und gegen alles Böse, das danach
kommt. O mein Herr, ich suche Zuflucht bei Dir gegen Un-
tätigkeit, gegen das Üble des Stolzes und des Unglaubens.
O mein Herr, ich suche Schutz bei Dir vor der Bestrafung
des Feuers und von der Bestrafung des Grabes.«

36. *Das Morgengebet:*

اَصْبَحْنَا وَاَصْبَحَ الْمُلْكُ بِلهِ وَالْحَمْدُ بِلهِ لَا اِلـٰهَ
اِلَّا اللّٰهُ وَحْدَهُ لَاشَرِيكَلَهُ لَهُ الْمُلْكُ وَلَهُ
الْحَمْدُ وَهُوَعَلٰى كُلِّ شَىْءٍ قَدِيرٌ رَبِّ اَسْئَلُكَ
خَيْرَمَا فِىْ هٰذَا الْيَوْمِ وَخَيْرَمَا بَعْدَهُ وَاَعُوْذُبِكَ مَا
فِىْ هٰذَا الْيَوْمِ وَشَرِّ مَا بَعْدَهُ رَبِّ اَعُوْذُ بِكَ
مِنَ الْكَسَلِ وَسُوْٓءِ الْكِبَرِوَالْكُفْرِ رَبِّ اَعُوْذُبِكَ
مِنْ عَذَابٍ فِى النَّارِ وَعَذَابٍ فِى الْقَبْرِ

Lautschrift: Aß-banaa wa aßbahal-mulku-lillahe,
wal hamdulillahe la elaha illallaho
waadahu laa scharikalahu,
lahul mulko walahul-hamdo,

157

wa huwa-aala-kulli schä'inn-kadiir
rabbe aß'aloka hära-mafi hasall-jaume,
wa chäramaa baadahu
wa a'usobeka-maafii hasall-jaume
wa scharrema baadahu rabbi
a'usobeka minal-kaßle waßuu'ill-kebare
wal-kufri rabbe
a'usobeka-min-asaa-binfin'nari
wa asaa-bin filkabre.

d.h.

»Der Morgen ist über uns gekommen, und es ist Morgen im
ganzen Land gemäß Allahs Befehl. Und aller Preis gebührt
Allah. Es gibt keinen Gott außer Allah, Der der Eine ist
ohne jeden Partner oder Gleichgestellten. Sein ist das
Reich und Sein ist die Lobpreisung, und Sein ist die Macht
über jedes Ding. O mein Herr, ich erbitte von Dir, was auch
immer an Gutem in diesem Tag liegt und das Gute dessen,
das ihm folgt. Und ich suche Zuflucht bei Dir gegen was
auch immer dieser Tag an Schlechtem bereithalten mag
und dem Bösen, das dem folgt. O mein Herr, ich strebe
nach Schutz bei Dir gegen den Mangel an Lebhaftigkeit,
aus den von ihm angebotenen Möglichkeiten das Richtige
zu machen, wie auch gegen das Üble des Stolzes und des
Unglaubens. O mein Herr, ich suche Schutz bei Dir vor der
Bestrafung des Feuers und von der Bestrafung des Grabes.«

37. *Beim Verlassen der Versammlung:*

سُبْحَنَكَ اللّهُمَّ وَبِحَمْدِكَ اَشْهَدُ اَنْ لَّا اِلهَ اِلَّا
اَنْتَ اَسْتَغْفِرُكَ وَاَتُوبُ اِلَيْكَ ۔

ßubhanakalla-humma wa bihamdeka,
asch'schado-allah-ellaha-illa anta
astarrferuka wa atubo-eläka.

d.h.
»Heilig bist Du, o Allah, und aller Preis gebührt Dir. Ich
bezeuge, daß niemand anbetungswürdig ist außer Dir. Ich
ersuche um Vergebung von Dir, und zu Dir wende ich mich
(um Hilfe).«

38. *Gegen Schulden:*

اَللّٰهُمَّ اِنِّى اَعُوذُ بِكَ مِنَ الْهَمِّ وَالْحُزْنِ
وَ اَعُوذُ بِكَ مِنَ الْعَجْزِ وَالْكَسَلِ وَاَعُوذُ بِكَ مِنَ
الْجُبْنِ وَالْبُخْلِ وَاَعُوذُ بِكَ مِنْ غَلَبَةِ الـدَّيْنِ
وَقَهْرِ الـرِّجَالِ ـ

Lautschrift: a) Allahumma innii a'usobeka minal-hamme
wal hußne wa a'usobeka minal'adjse
wal kaßle wa a'usobeka minal dschubne
wal buchle
wa a'usobeka min-chalabatid'däne
wa karrirre-dschaale.

d.h.
»O Allah, ich suche Zuflucht bei Dir gegen den vergange-
nen und zukünftigen Kummer; ich trachte nach Schutz bei
Dir gegen das Nichtvorhandensein von Mitteln und sein
Nichtbenutzen durch Faulheit. Ich suche Deinen Schutz ge-
gen moralische Feigheit und Geiz. Ich trachte nach Deinem

Schutz gegen die Überwältigung durch Schulden und dagegen, von Menschen schlecht behandelt zu werden.«

$$\text{اَللّٰهُمَّ اكْفِنِي بِحَلاَلِكَ عَنْ حَرَامِكَ وَ اَغْنِنِي}$$
$$\text{بِفَضْلِكَ عَمَّنْ سِوَاكَ -}$$

<u>Lautschrift</u>: b) Allahummakk-fenii behallaa-leka
an harra-meka wa arrnennii be-faslekka
ammann-ßewaaka.

d.h.
»O Allah, mach mich selbst-genügsam gegenüber unrecht-
mäßig Erworbenem durch das, was gesetzesmäßig verdient
wurde und mache mich durch Deine Gnade von Jedem anderen unabhängig denn von Dir.«

39. *Beim Erblicken des Mondes in dessen erster Nacht nach*
dem Neumond zu Mond-Monatsbeginn:

$$\text{اَللّٰهُمَّ اَهِلَّهُ عَلَيْنَا بِالْاَمْنِ وَالْاِيْمَانِ وَالسَّلَامَةِ}$$
$$\text{وَالْاِسْلَامِ رَبِّي وَ رَبُّكَ اللّٰهُ -}$$

<u>Lautschrift</u>: Allahumma-ahillahu-aläna bil-amne
wal-iimaane waßalaamate wal'ißlame
rabbi wa rabbo kallaaho.

d.h.
»O unser Herr, laß diesen Mond in Frieden und Glauben,
Sicherheit und Islam, über uns aufgehen. Mein Herr und
dein Herr ist Allah.«

40. *Beim Fastenbrechen:*

اَللّٰهُمَّ لَكَ صُمْتُ وَعَلٰى رِزْقِكَ اَفْطَرْتُ

<u>Lautschrift</u>: a) Allahumma-laka-ßumtu
wa'aalaa-riskika aftarto.

d.h.
»O Allah, für Dich allein habe ich gefastet, und ich breche
das Fasten mit dem, womit Du mich versorgt hast.«

ذَهَبَ الظَّمَأُ وَابْتَلَّتِ الْعُرُوقُ وَثَبَتَ الْاَجْرُ
اِنْشَآءَ اللّٰهُ تَعَالٰى ـ

<u>Lautschrift</u>: b) Saha bas sama'o wab'tallatil-oruuko, wa
dhaba-tall 'adschro inschaa'alaa-ho
ta'alaa.

d.h.
»Verschwunden ist der Durst und erfrischt sind die Venen,
und – so Gott will, ist die Belohnung aufrichtig verdient.«

41. »*Lailatul Qadar*« *(Nacht des Schicksals) Gebet*
(sollte zu jeder freien Minute gebetet werden):

اَللّٰهُمَّ اِنَّكَ عَفُوٌّ تُحِبُّ الْعَفْوَ فَاعْفُ عَنِّي

<u>Lautschrift:</u> Allahumma innaka
afuwwunn-tohibbul affwa'faafo-annii.

d.h.
»O Allah, Du bist der große Verzeiher, und Du liebst die
Vergebung – so vergib mir.«

42. *Wenn es regnet:*

اَللّٰهُمَّ سُقْيَانًا نَافِعًا ۔

<u>Lautschrift:</u> a) Allahumma-ßukjanann naafe'ann.

d.h.
»O unser Herr, gib uns reichlich von diesem segensreichen
Regen.«

اَللّٰهُمَّ صَيِّبًا نَافِعًا ۔

<u>Lautschrift:</u> b) Allahumma sajjebann nafe'ann.

d.h.
»O unser Herr, regne Du für uns reichlich und segensreich.«

اَللّٰهُمَّ اجْعَلْهُ سَبَبَ رَحْمَةٍ وَلَا تَجْعَلْهُ سَبَبَ عَذَابٍ

<u>Lautschrift:</u> c) Allahumma-dsch'allho ßababa-rachmatin
wa laa-tadschalho ßababa asaabinn.

d.h.
»O unser Herr, mache es zu einer Quelle Deiner Barmherzigkeit, und mache es nicht zu einem Mittel der Bestrafung.«

162

43. *Gebet um reichlichen Regen:*

اَللّٰهُمَّ حَوَالَيْنَا وَلَا عَلَيْنَا اَللّٰهُمَّ عَلَى الْأَكَامِ
وَالظِّرَابِ وَالْجِبَالِ وَبُطُونِ الْأَوْدِيَةِ وَمَنَابِتِ
الشَّجَرَةِ ۔

<u>Lautschrift</u>: Allahumma-hawaa läna-walaa aläna.
Allahumma allall aakaame
was serabe wal dschebaale
wa botuunil'laudejate wa
manaabe-tisch'schadscharate.

d.h.

»O unser Herr, laß' es regnen für uns und überall um uns
herum, aber nicht zu unserem Nachteil. O unser Herr, laß'
es auf die Wälle und Hügel regnen, auf die Berge und in den
Tiefen der Täler sowie in den Wäldern.«

44. *Wenn es donnert:*

اَللّٰهُمَّ لَا تَقْتُلْنَا بِغَضَبِكَ وَلَا تُهْلِكْنَا بِعَذَابِكَ وَ
عَافِنَا قَبْلَ ذَٰلِكَ ۔

<u>Lautschrift</u>: Allahumma-laa-taktulna berasabeka
wa la-tolekna be'asaabeka
wa aafenaa-kabla saaleka.

d.h.

»O unser Herr, töte uns nicht mit Deinem Zorn, und laß'
uns nicht zugrundegehen unter Deiner Bestrafung, und
rette uns, bevor es uns ereilt.«

45. *Um dem Üblen eines Sturmes zu entgehen:*

اَللّٰهُمَّ اِنِّىٓ اَسْئَلُكَ خَيْرَ هٰذِهِ الـرِّيَاحِ وَخَيْرَ
مَا فِيهَا وَخَيْرَ مَا اُرْسِلَتْ بِهِ وَاَعُوذُ بِكَ مِنْ
شَرِّ مَا فِيهَا وَشَرِّ مَا اُرْسِلَتْ بِهِ ۔

<u>Lautschrift:</u> Allahumma inni-aß'aloka
chära-hase hir'rejaahe wa chäramaa-fiha
wa chärama urßelat-bihi,
wa a'usobeka min-scharrimaa-fiha
wa scharrima urßelat-bihi.

d.h.

»O unser Herr, ich bitte Dich um das Gute dieses Windes
sowie um des Guten darin und um das Gute, mit dem er geschickt wurde. Und ich suche Zuflucht bei Dir vor seinem
Bösen und dem Bösen, das in ihm ist, und dem Bösen, mit
dem er geschickt wurde.«

46. *Beim Verzehren einer frischen Frucht:*

اَللّٰهُمَّ بَارِكْ لَنَا فِى ثَمَرِنَا وَبَارِكْ لَنَا فِى مَدِيْنَتِنَا
وَبَارِكْ لَنَا فِى صَاعِنَا وَبَارِكْ لَنَا فِى مُدِّنَا
اَللّٰهُمَّ كَمَا اَرَيْتَنَا اَوَّلَهُ فَاَرِنَا اٰخِرَهُ ۔

<u>Lautschrift:</u> Allahummabaarik-lanaa fi-dhamarena
wa baarik-lanaa fi madinatinaa
wa barik-lanaa fi ßaa'enaa
wa barik-lanaa fi muddenaa.
Allahumma kamaa arätanaa,
awwalahufa'arinaa aakirahu.

164

d.h.

»O Allah, mach Du dies zu einer gesegneten Frucht für uns,
und mache diese unsere (Stadt) zu einer gesegneten Stadt,
und segne für uns unsere Sa'a (Handvoll) und segne für uns
unser Muddu (zwei Handvoll). O Allah, geradeso wie Du
uns mit der ersten Frucht der Jahreszeit versorgt hast, so
versorge uns auch mit der letzten Frucht der Jahreszeit.«

47. *Zu Beginn der Pilgerfahrt (wenn man die Pilgerklei-*
    dung anzieht):

اَللّٰهُمَّ لَبَّيْكَ اَللّٰهُمَّ اِنِّى اَسْئَلُكَ رِضَاكَ
وَالْجَنَّةَ وَ اَسْئَلُكَ الْعَفُوَبِرَحْمَتِكَ مِنَ النَّارِ

Lautschrift: Allahumma-llabäka.
              Allahumma inni-aß'aloka räsaaka
              wal dschannata wa aß'alokal-afwa
              be-rachmateka minan'naar.

d.h.

»O Allah, hier bin ich, um Dir zu dienen. O Allah, ich
trachte nach deinem Wohlgefallen, und nach Deinem Paradies. Und ich trachte danach, durch Deine Barmherzigkeit
vor dem Feuer verschont zu werden.«

48. *Gebet an der »Yamani«[20]-Ecke:*

اَللّٰهُمَّ اِنِّى اَسْئَلُكَ الْعَفُوَوَالْعَافِيَةَ فِى
الدُّنْيَاوَالْاٰخِرَةِ رَتَّبَآ اٰتِنَافِى الدُّنْيَاحَسَنَةً وَّ
فِى الْاٰخِرَةِحَسَنَةً وَّقِنَاعَذَابَ النَّارِ

165

<u>Lautschrift</u>: Allahumma inni aß'alokal-afwa wal aafejata
fid'duniaa wal arherate.
Rabbana-aatinaa fid-duniaa haßana-tanwwa-fil
aacherate haßanatanwwa-kin-aasa bannaar.

d.h.

»O Allah, ich trachte nach Deiner Vergebung und Sicherheit in diesem Leben hier wie auch im Leben nach dem
Tod. O Allah, gib uns den Segen dieses Lebens wie auch
den des Lebens nach dem Tod, und rette uns vor der Bestrafung durch das Feuer.«

49. *Zu »Safa« und »Marwah«[21]*:

$$\text{رَبِّ اغْفِرْ وَارْحَمْ اَنْتَ الْاَعَزُّ الْاَكْرَمُ}$$

<u>Lautschrift</u>: Rabbirhfirh-warham-antal a'asull-akramo.

d.h.

»O Allah, vergib mir und sei barmherzig mit mir. Du bist
der Mächtigste und wert höchster Ehre und Lobpreisung.«

50. *In Arafat[22]*:

$$\text{اَللّٰهُمَّ اهْدِنَا بِالْهُدٰى وَزَيِّنَا بِالتَّقْوٰى}$$
$$\text{وَاغْفِرْلَنَا فِي الْاٰخِرَةِ وَ الْاُولٰى اَللّٰهُمَّ اِنّٖى}$$
$$\text{اَسْئَلُكَ رِزْقًا حَلَالًا طَيِّبًا مُبَارَكًا اَللّٰهُمَّ مَا}$$
$$\text{اَحْبَبْتَ مِنْ خَيْرٍ فَحَبِّبْهُ اِلَيْنَا وَيَسِّرْهُ}$$
$$\text{لَنَا وَمَا كَرِهْتَ مِنْ شَرٍّ فَكَرِّهْهُ اِلَيْنَا}$$
$$\text{وَجَنِّبْنَاهُ وَلَا تَنْزِعْ مِنَّا الْاِسْلَاَ مَ بَعْدَ اِذْ هَدَيْتَنَا}$$

Allahummadena bilhuda wa sajjina
bit'takwa warh-firh-lanaa
fil-achärate wal o'ula.
Allahumma inni aß'aloka-riskan
halaalann tajjebann mubarakann.
Allahumma ma'ababbta min-chärin
fa-habbib-ho ilänaa wa-jaßirho-lanaa
wa maa-kareta min-scharrinfa-karreho
ilänaa wa dschannib'naaho wala tanse
minaal-ißlaama baada-is'hadä'i tanaa.

d.h.

»O Allah, führe Du uns mit Deiner Führung, und
schmücke Du uns mit Rechtschaffenheit, und bedecke unsere Unzulänglichkeiten im Leben nach dem Tod genauso
wie in diesem hiesigen Leben. O Allah, ich suche Versor-
gung für mein Leben von Dir rechtmäßig erworben, rein
und gesegnet. O Allah, was auch immer Du an Gutem
liebst, mach Du es liebenswert für uns und erleichtere es für
uns; und was an Bösem Du widerwillig findest, mach es uns
verhaßt und halte Du uns so entfernt davon. Und beraube
uns nicht des Islams, nachdem Du uns rechtgeleitet hast.«

51. *Beim Zubettgehen:*

بِاسْمِكَ اللّٰهُمَّ اَمُوتُ وَاَحْيَا   اَللّٰهُمَّ اَسْلَمْتُ
نَفْسِى اِلَيْكَ وَوَجَّهْتُ وَجْهِى اِلَيْكَ وَفَوَّضْتُ
اَمْرِىْ اِلَيْكَ وَالْجَاْتُ ظَهْرِىْ اِلَيْكَ رَغْبَةً
وَرَهْبَةً اِلَيْكَ لَا مَلْجَاَ وَلَا مَنْجَاَ مِنْكَ اِلَّا اِلَيْكَ
اٰمَنْتُ بِكِتَابِكَ الَّذِىْ اَنْزَلْتَ وَنَبِيِّكَ الَّذِىْ
اَرْسَلْتَ ۔

167

Bißmeka-allahumma-amuto wa-a'jaa.
Allahumma aßlamtu-nafßi iläka,
wa wadschato wadsch'hi eläka,
wa fawwastu-amri eläka
wa'all-dschato-saari eläka-rachbatann
wa rachbatann iläka-laa maldscha'a
walaa-mandscha-minka-illaa
eläka aamantu be-ketaabe kallasii
ansalta wa nabijje kallasi arß'salta.

d.h.

»O mein Herr, mit Deinem Namen will ich sterben, so wie
ich mit Ihm lebe. O mein Herr, ich anvertraue mich selbst
Deiner Obhut und ich wende mein Gesicht zu Dir, und ich
gebe alle meine Angelegenheiten in Deine Hände. Und ich
ruhe meinen Rücken aus an Dir in Hoffnung und in Furcht
vor Dir. Es gibt keine Zuflucht vor Dir und kein Entkom-
men von Dir außer in und zu Dir. Ich habe an das Buch geglaubt, das Du herabgesandt hast, und an den Propheten,
den Du erhoben hast.«

52. *Um sich gegen den Einfluß von Satan zu schützen:*

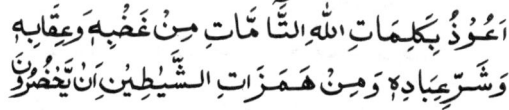

Lautschrift: A'usobekalemaa-tilla-hittaam 'maate
min-ras-behi wa ekabehi wa scharre ebadehi
wa min-hamasa tisch'schajaatine
äinjjasoruuna.

d.h.

»Ich suche Zuflucht bei den vollkommenen Göttlichen

168

Worten gegenüber Gottes Zorn, Seiner Bestrafung und gegen das Unheil Seiner Kreaturen sowie gegen üble teuflische Eingebungen und Schläge.«

53. *Allgemeine, umfassende Gebete:*

اَللّٰهُمَّ اِنِّى اَسْئَلُكَ حُبَّكَ وَحُبَّ مَنْ يُحِبُّكَ
وَالْعَمَلَ الَّذِى يُبَلِّغُنِى حُبَّكَ -

<u>Lautschrift</u>: a) Allahumma inni aß'aloka-hubbaka
wa hubba mäi'johibboka wal-amalallasi
jubali-chuni hubbaka.

d.h.

»O Allah, ich trachte nach Deiner Liebe sowie nach der Liebe jener, die Dich lieben, und ermögliche es mir, Taten zu vollbringen, die es mir ermöglichen, Deine Liebe zu erlangen.«

اَللّٰهُمَّ اجْعَلْ حُبَّكَ اَحَبَّ اِلَىَّ مِنْ نَفْسِى وَمَالِى
وَاَهْلِى وَمِنَ الْمَآءِ الْبَارِدِ -

<u>Lautschrift</u>: b) Allhummadschal-hubbaka
ahabba-illajja min-naßßi wamaali wa'alli
wa minal maa'ill baarrid.

d.h.

»O Allah, bringe mich dazu, die Liebe zu Dir allem vorzuziehen; eingeschlossen mich selbst, meinen Besitz, meine Familie, ja sogar kühles Wasser.«

اَللّٰهُمَّ طَهِّرْ قَلْبِى مِنَ النِّفَاقِ وَعَمَلِى مِنَ الرِّيَآءِ

وَلِسَانِي مِنَ الْكَذِبِ وَعَيْنِي مِنَ الْخِيَانَةِ فَإِنَّكَ
تَعْلَمُ خَائِنَةَ الْأَعْيُنِ وَمَا تُخْفِي الصُّدُورُ ـ

Lautschrift: c) Allahumma-ta-hirr-kalbi menannefaake
wa amali-minarrejjaa'e
wa leßaani minal kasebe wa'äini
minal-chäjaanate fa innaka ta-lamo
cha'inatall-ajone wamaa-tuckfiß-ßoduurr.

d.h.

»O Allah, läutere Du mein Herz von Heuchelei, und beraube mein Verhalten der Motive des Zurschaustellens und
meine Zunge der Lüge sowie mein Auge des unredlichen
Blicks, denn Du weißt um den Betrug des Auges oder dessen, was auch immer in den tiefsten Winkeln des Herzens
verborgen ist.«

54. *Um außergewöhnliche Anstrengungen zu überwinden:*

اَللّٰهُمَّ إِنِّي أَعُوذُ بِكَ مِنْ جَهْدِ الْبَلَاءِ وَدَرْكِ
الشِّقَاءِ وَسُوءِ الْقَضَاءِ وَشَمَاتَةِ الْأَعْدَاءِ ـ

Lautschrift: Allahumma inni a'usobeka min-dscha'dill
balaa'e wa darrkisch'schika'e waßu'ill-kasaa'e
wa schamaatatill-aadaa'e.

d.h.

»O mein Herr, ich suche Zuflucht bei Dir gegen qualvolle
und die Seele zermarternde Pein, dagegen, daß mich völli-
ger Ruin befällt sowie gegen die schlimmsten Unglücke und
dagegen, daß sich die Feinde über unsere Mißgeschicke
freuen.«

170

55. *Um Gottes Schutz zu erhalten:*

أَعُوذُ بِكَلِمَاتِ اللهِ التَّآمَّاتِ الَّتِى لَايُجَاوِزُهُنَّ
بَرٌّ وَلَافَاجِرٌ بِأَسْمَآءَ الْحُسْنَى وَمَاعَلِمْتُ مِنْهَا
وَمَالَمْ أَعْلَمُ مِنْ شَرِّ مَا خَلَقَ وَبَدَأَ وَذَرَأَ
مِنْ شَرِّ مَا يَنْزِلُ مِنَ السَّمَآءِ وَمِنْ شَرِّ مَا
يَعْرُجُ فِيهَا وَمِنْ شَرِّ مَا ذَرَأَ فِى الْأَرْضِ وَمِنْ
شَرِّ مَا يَخْرُجُ مِنْهَا وَمِنْ شَرِّ فِتَنِ اللَّيْلِ
وَالنَّهَارِ وَمِنْ شَرِّ طَوَارِقِ اللَّيْلِ يَطْرُقُ
بِخَيْرٍ يَا رَحْمَنُ ـ

Lautschrift: A'usobekalemaa-tillaa hittaamaa-tillati
laa-judschaawisu-hunna-barrunn,
walaa faadschirun be-aßmaa'ill-hußna
wamaa alimmtu-minhaa
wamaa lam'alamo min-scharri maa-chalaka
wa bada'a
wa sara'a min-scharremaa janselo-
menassamaa'e
wa min-scharrimaa jarudscho-fihaa,
wa min-scharrimaa sarra'a fil-arse
wa min-scharrima jarh-rhodschominhaa
wa min-scharri-fetanilläle wannahare
wa min-scharri-tawaa-rekilläle
jatroko bechärinn jaarachmaano.

171

d.h.

»Ich suche Zuflucht in den vollkommenen Göttlichen Worten, denen niemand entfliehen kann, sei er ein Guter oder ein Schlechter. Ich suche Zuflucht bei den Göttlichen Namen, ob ich sie kenne oder ob ich sie nicht kenne, gegen das Böse, das Gott geschaffen, ins Leben gerufen und verbreitet hat. Ich suche Zuflucht bei den Göttlichen Namen gegen das Böse, das vom Himmel herabkommt oder in ihn aufsteigt. Und ich suche Zuflucht bei den Göttlichen Namen gegen das Böse, das sich auf der Erde verbreitet sowie gegen das Böse, das aus ihr hervorkommt. Ich suche Zuflucht bei den Göttlichen Eigenschaften gegen die Prüfungen der Nacht und gegen die Prüfungen des Tages; gegen die Unglücksfälle, die einen in der Nacht überwältigen können, aber nicht gegen jenes, das mit Gutem verbunden ist, o Barmherziger Herr.«

GEBETE DES VERHEISSENEN MESSIAS

1. *In Schwierigkeiten:*

»Mein Wohltäter und mein Gott, ich bin ein nichtsnütziger Diener von Dir, sündig und unbedachtsam. Du hast mich Unrecht nach Unrecht begehen sehen, und hast mir immer wieder Deine Gunst gewährt. Du bist Zeuge meiner immer wiederkehrenden Sünde und hast mich wieder und immer wieder mit Großmut überschüttet. Du hast meine Säumnisse immer bedeckt, und hast mich mit Deinen unzählbaren Geschenken bereichert. So erbarme Dich nochmals dieses unwürdigen Sündigen, und vergib mir meine Unverschämtheit und Undankbarkeit und befreie mich von diesen Sorgen, denn es gibt niemanden außer Dir, den ich um Hilfe angehen kann. Amen.«

2. *Alleingelassen:*

»Mein Gott, erhöre meine demütige Bitte, denn ich bin alleingelassen worden. Meine Zuflucht und mein Schild, antworte Du mir, denn ich bin verlassen. Mein Geliebter, mein liebster Geliebter, verlasse mich nicht; ich bin mit Dir, und meine Seele wirft sich nieder vor Dir.«

3. *Auf der Suche nach Einheit mit Gott:*

»Gebieter des Universums, ich kann Dir nicht genug für Deine Gaben danken. Du bist gnädig und barmherzig, und unzählig sind die Gunstbezeugungen, die Du mir geschenkt hast. Vergib mir meine Sünden, so daß ich nicht zugrunde gehe; fülle du mein Herz mit Deiner reinen Liebe, so daß ich leben mag. Bedecke Du meine Versäumnisse, und ermögliche es mir, mich so zu verhalten, daß Du mit mir zufrieden sein magst. Ich suche Zuflucht bei Dir vor der Gefahr, mir Deinen Zorn zuzuziehen. Erbarme Dich meiner. Erbarme Dich meiner. Erbarme Dich meiner. Und schütze Du mich vor dem Unheil in dieser Welt und im Leben nach dem Tod, denn alle Gnade und Gunst sind in Deinen Händen. Amen.«

4. *An der Ka'aba:*

Der Verheißene Messias wies Sufi Ahmad Jan an, für ihn an der Ka'aba das folgende Gebet in seinem Namen darzubringen:

»O Du Allerbarmherzigster, ein demütiger Diener von Dir, nichtsnützig und voller Fehler und unwürdig, mit Namen Ghulam Ahmad in dem Land Indien, fleht Dich an: Allerbarmherzigster, gewähre Du es mir, daß Du mit mir zufrieden bist und vergib (mir) meine Säumigkeiten und Sünden, denn Du bist der Meistvergebende, immer Barmherzige. Ermögliche Du mir ein solches Verhalten, daß Du sehr zufrieden mit mir sein magst. Trenne mich von meinem Ego, wie die Trennung zwischen dem Osten und dem Westen. Laß' mein Leben und meinen Tod und jede meiner Fähigkeiten Deiner Sache auf das Vollkommenste geweiht sein; laß' es geschehen, daß ich in Deiner Liebe lebe und in Deiner Liebe sterbe, und laß mich auferstehen unter jenen, die Dich vollkommen lieben.

Allerbarmherzigster, bringe Du aus Deiner Gnade zur Erfüllung den Zweck, für dessen Verbreitung Du mich beauftragt hast, und auch den Dienst, durch den Du mein Herz inspiriert hast, und veranlasse, daß die Botschaft des Islams seinen Gegnern durch diesen Demütigen triumphierend überbracht wird, wie auch jenen, die von seiner Vortrefflichkeit keine Kenntnis besitzen. Behalte Du diesen Demütigen und jene, die ihn lieben und ihm folgen, in dem Schat-

ten und der Sicherheit Deiner Vergebung und Deines
Mitleids, und sorge für sie in diesem Leben und im Leben
nach dem Tod materiell wie auch spirituell, und laß' Du sie
das Haus Deines Wohlgefallens erreichen. Sende Du die
Fülle Deines Friedens und Deiner Segnungen auf Deinen
auserwählten Gesandten und seine Gefährten und sein
Volk herab. Amen.«

5. *Gebet zur Unterscheidung zwischen Wahrheit und Un-*
   wahrheit

Zur aufrichtigen Reue entschlossen, bete man nachts zwei
Raka'ats oder Nawaffils, wobei in der ersten Raka'at die
Sura Jā-Sin und in der zweiten Raka'at einundzwanzigmal
die Sura Al-Ichlās rezitiert werden. Nachdem man ebenfalls in der zweiten Raka'at nach dem Salat'ul Taschahud
dreihundertmal Segnungen für den Heiligen Propheten (s)
(Salat'ul Alannabi) erfleht sowie anschließend dreihundertmal um die Vergebung der Sünden gefleht wurde
(Astafrullah rabbimiin kulle-sambin wa'atubo elä'i-hii),
richte man die folgende demütige Bitte an Allah:

»O Du Allmächtiger und Barmherziger, Du kennst das,
was versteckt ist, und wir kennen es nicht; und der Ange-
nommene, der Zurückgewiesene, und der Wahrhaftige
und der Betrüger können nicht vor Dir versteckt bleiben.
Wir flehen Dich daher demütig an, uns aus Deiner Gnade
heraus in einer Vision oder in einem Traum oder auf dem
Weg einer Offenbarung die Wahrheit betreffend diesen
Mann, der den Anspruch erhebt, der Verheißene Messias,
der Mahdi und Reformer dieses Zeitalters zu sein, erkennen zu geben, und ob er gemäß Deines Urteils wahrhaft
oder falsch ist; so daß wir, wenn er verworfen ist, nicht in
die Irre geführt werden, dadurch, daß wir ihn annehmen;
oder daß, wenn er von dir ist und angenommen, wir nicht

zugrunde gehen dadurch, daß wir ihn verleugnen und erniedrigen. Schütze Du uns gegen jegliche Versuchung, denn Du allein hast alle Macht. Amen.«

<u>Anmerkung:</u> Dieses Gebet sollte für wenigstens zwei Wochen in vollkommener Offenheit dargebracht werden. Denn wenn jemand, dessen Meinung schon stark beeinflußt und voller Haß ist, danach trachtet, bezüglich einer Person informiert zu werden, die er als schlecht ansieht, wird er von Satan besucht, der jener Dunkelheit, die dessen Meinung bereits umgibt, weitere Dunkelheit hinzufügt.

6. *Gebet zur Befreiung von Sünde:*

»Ich bin ein Sünder und kann nichts erreichen denn durch Deine Leitung und durch Deine Gnade. Sei Du barmherzig zu mir und reinige mich von aller Sünde, denn außer durch Deine Gnade und Barmherzigkeit gibt es niemanden sonst, der mich reinigen könnte.

Wir sind Deine sündigen Diener und sind von unserem Ego überwältigt; vergib Du uns und schütze Du uns gegen das Unheil dieser Welt und das der nächsten. Amen.«

7. *Gottessuche:*

»O Allmächtiger Gott, mein teurer, geliebter Führer, zeige Du mir den Weg, auf dem der Rechtschaffene zu Dir findet, und schütze Du mich gegen den Weg der Leidenschaft, den der Feindschaft, den des Hasses und gegen den der weltlichen Begierden. Amen.«

8. *Um Konzentration im Gebet:*
Der Verheißene Messias erhielt einen Brief, in dem gefragt wurde, wie man Konzentration im Gebet erlangen könne,

und den er folgendermaßen beantwortete:

»Friede sei mit dir und die Gnade Allahs und Seine Segnungen. Der einzige Weg ist der, mit göttlichem Gebet um Konzentration zu flehen, und nicht mit einer beiläufigen Wiederholung des Gebets zufrieden zu sein. Versuche, dich soweit zu konzentrieren, wie es dir möglich ist, und sollte es dir nicht gelingen, dann erflehe am Ende jeder Raka'at in der Qijam Saaniya (2. stehende Position):

»O Allmächtiger Gott, Herr der Majestät, ich bin ein Sünder, und soweit hat das Gift der Sünde mein Herz durchdrungen, daß ich nicht mehr dazu fähig bin, mich in meinen Gebeten mit überfließendem Herzen zu konzentrieren. Vergib Du mir aus Deiner Gnade und Barmherzigkeit heraus meine Sünden und übersieh meine Säumnisse, und mache Du mein Herz weich und fülle es mit der Vorstellung von Deiner Größe und mit Deiner Furcht und Liebe, so daß es mir, nachdem seine Verhärtung entfernt ist, möglich sein wird, mich im Gebet zu konzentrieren. Amen.«

ERKLÄRUNGEN

[1] **Dschinn.** Das Wort **Dschinn** stammt von »Dschanna« ab, was bedeutet: bedeckt sein oder verborgen, versteckt oder geschützt. Nach der allgemeinen Auffassung sind **Dschinn** Wesen, die für uns unsichtbar sind, und wir sind nur dann in der Lage, sie zu sehen, wenn sie selbst sich uns enthüllen. So bedeutet **Dschinn** u.a. hochgestellte und mächtige Menschen, die den schwachen und armen Klassen entgegengesetzt sind. Solche Menschen werden auch **Dschinn** genannt, weil sie sich sehr selten mit der allgemeinen Öffentlichkeit mischen und zurückgezogen leben.

[2] **(s).** Sallallaho alä-hi wassalam. Möge der Frieden und der Segen Allahs auf ihm sein.

[3] **Unreinheit.** Bezieht sich hier auf den Zustand nach dem Geschlechtsverkehr.

[4] **Ramadan.** Der islamische Fastenmonat. Die Fastenzeit erstreckt sich jeden Tag vom ersten Aufkommen der Morgendämmerung (ca. 1 1/4 Stunden vor Sonnenaufgang) bis zum Sonnenuntergang. Der Fastende enthält sich während dieser Zeitspanne des Essens, Trinkens, Rauchens und sexueller Beziehungen. Auch dürfen keine Medikamente eingenommen werden noch andere Mittel, die in den Körper eingespritzt werden (Kranke dürfen nicht fasten). Das eigentliche Ziel des Fastens ist, die Menschen zu ihrem Schöpfer zu bringen. Wenngleich die gewohnte Tätigkeit, der Beruf und die Arbeit weitergehen wie sonst auch, so wird doch der Nachdruck auf moralische und geistige Werte gelegt und die Kon-

zentration auf sie gerichtet. Erleichtert von der Notwendigkeit, Nahrung zuzubereiten und zu essen, und dadurch mit mehr freier Zeit ausgestattet, wird größere Aufmerksamkeit auf spirituelle Angelegenheiten gelegt, und das Gedenken Gottes nimmt einen bevorzugten Rang ein. Der Mensch unterwirft sich selbst mit all seinen Fähigkeiten und all seinen Handlungen diesem Hauptzweck. Das Hören, das Sehen, die Zunge, die Glieder – sie alle sind unter verstärkter Kontrolle.

[5] **Mudschadidd.** Bestimmte Stufe der Heiligkeit einer Person innerhalb des Islams. **Mudschadidds** waren die jeweiligen Reformer ihrer Jahrhunderte.

[6] **(r).** Rasiyallaho anho. Möge Allah Freude an ihm haben.

[7] **Muezzin.** Die Person, die im Islam den Gebetsaufruf (Asan) ruft.

[8] **Ka'aba.** Die **Ka'aba** ist das älteste bekannte Gotteshaus der Welt. Es ist das größte Heiligtum des Islams, wurde von Abraham und seinem Sohn Ismail erbaut und ist seit Jahrtausenden der Mittelpunkt der Stadt Mekka (heute: Saudi-Arabien).

[9] **Imam.** Derjenige, der im Islam das Ritualgebet leitet.

[10] **Dua.** Neben dem islamischen Ritualgebet (Sala'at) gibt es freie Gebete, die **Dua** genannt werden.

[11] **Polytheismus.** Vielgötterei.

[12] **Sura Al-Fāteha.** Die erste Sure im Heiligen Quran. Sie besteht aus sieben kurzen Versen. Diese Sura wird in je-

dem Durchgang in jedem der fünf täglichen Gebete rezitiert, insgesamt mehr als vierzigmal am Tag. Diese Sure ist die Einleitung des Heiligen Qurans, sie wurde auch »der Quran in klein« genannt. Sie ist die wahre Schatztruhe der dann im Heiligen Quran weiter ausgeführten Weisheit und Philosophie des Islams.

[13] **Sunnat.** Die **Sunnat** ist gleich nach dem Heiligen Quran die wichtigste Quelle, aus der sich die Lehren des Islams herleiten. Im Islam steht **Sunnat** für die tatsächliche Verfahrensweise des Heiligen Propheten Mohammed (s) hinsichtlich einer religiösen Angelegenheit, die seine Anhänger zu seinen Lebzeiten und unter seiner persönlichen Leitung ausgeübt haben.

[14] **A-Hadith.** Dies ist nach Quran und Sunnat die dritte wesentliche Quelle des Islams. **A-Hadith** (Singular: Hadith) sind die Überlieferungen des Heiligen Propheten Mohammed (s), d.h. alles, was er jemals äußerte wie auch die Ereignisse seines Lebens, die von Augenzeugen berichtet wurden und die von denen, die die Überlieferungen sammelten, schriftlich festgehalten wurden.

[15] **Farz-Gebet.** Siehe Kapitel über Farz und Sunnat.

[16] **Zenith.** Der höchste Stand der Sonne innerhalb eines Tages.

[17] **Hadith.** Siehe Erklärung Nummer 14.

[18] **Kisauli.** Stadt in Indien in der Provinz Punjab.

[19] **Hydrophobie.** Tollwut.

[20] **Yamani-Ecke.** »Yamani« bedeutet soviel wie »die rechte Seite der Ka'aba«. Die Pilger fangen an dieser Ecke an der südlichen Seite der Ka'aba gelegen mit der vorgeschriebenen Umwandlung der Ka'aba an.

[21] **»Safa« und »Marwah«.** Dieses sind zwei kleine Hügel in der Nähe Mekkas. Das Rennen zwischen **Safa** und **Marwah** ist eine andere wichtige Handlung der Pilgerfahrt, während der der Pilger daran erinnert wird, daß es die Not der Mutter war, die, durch den bitteren Durst ihres Sohnes geängstigt, zwischen diesen beiden kleinen Hügeln hin und her rannte, um Wasser zu suchen. Es war Abrahams Gattin Hagar, die auf diese Weise Hilfe für den Durst ihres Sohnes Ismail suchte.

[22] **Arafat.** Ein Ort, einige Kilometer außerhalb Mekkas, an dem im Zusammenhang mit der Pilgerfahrt Gebetsgottesdienste stattfinden. Am betreffenden Tag der Pilgerfahrt versammeln sich die Pilger auf der Ebene von Arafat, wo Mohammed (s), der Heilige Prophet Gottes, seine Abschiedsrede gehalten hatte. In dieser einzigartigen und riesigen Versammlung von Menschen aus allen Enden der Erde werden die Pilger wiederum von dem Bewußtsein bewegt, sich auf einem Platz zu befinden, der Zeugenschaft leistet für die Tatsache, daß hier einst der Prophet zu jenen gesprochen hatte, die als erste dem Ruf Allahs gefolgt waren. Das Wort Mohammeds (s) am Arafat-Tag seiner »Pilgerfahrt des Abschieds« war:

»Eure Habe, eure Ehre und euer Leben sind geheiligt und geschützt durch die Heiligkeit des Tals, dieses Monats und dieser Stadt – Mekka und ihr Tal. Ihr werdet bald vor eurem Herrn erscheinen und Er wird euch für alle eure Taten zur Rechenschaft ziehen. Seid bedacht, daß, nachdem ich gegangen bin, ihr nicht in die Irre geht... Erinnert euch immer eurer Pflichten gegenüber Allah im Hinblick auf eure Ehegattinnen. Ihr habt sie unter dem Schutz von Allahs Namen geheiratet und sie sind eure gesetzlichen Frauen im Einklang mit Allahs Wort geworden. Erinnert euch deshalb gut eurer Verpflichtungen... O Menschen, euer Gott ist einer und eure Abstammung ist eine, ihr seid alle Brüder und alle gleich: ein Araber hat keinen Vorrang vor einem Nichtaraber und auch ein Nichtaraber kann keinen Vorrang vor einem Araber haben; ein weißer Mann hat keinen Vorrang gegenüber einem Farbigen und ein Farbiger soll kein Privileg gegenüber einem weißen Mann haben. Ich hinterlasse euch etwas, das euch gegen jeden Irrtum und jeden Fehler schützen wird, wenn ihr euch danach richtet. Es ist Allahs Buch (der Heilige Quran; Anm. d. Übs.) ...Betet euren Herrn an, verrichtet das Gebet, haltet das Fasten während des Monats Ramadan ein, zahlt mit Freude die Armensteuer, vollzieht die Pilgerfahrt zum Haus Allahs und gehorcht denen, die unter euch die Befehlsgewalt besitzen. Allah wird euch in sein Paradies eintreten lassen...«

(Übersetzung der Abschiedsrede aus: »Der Islam«, 5/72, Seiten 5/6).

INHALTSVERZEICHNIS

Der Heilige Qur-ân
(arabisch-deutsch)

Vollständige, geprüfte Ausgabe, 3. Auflage, neu bearbeitet, herausgegeben unter der Leitung von Hazrat Mirza Nasir Ahmad, Imam und Oberhaupt der Ahmadiyya-Bewegung im Islam.

Die Offenbarungen Gottes, die Er Seinem Diener Mohammad über einen Zeitraum von 23 Jahren gewährte. Sie enthalten das vollkommene Gesetz, die Scharia mit allen notwendigen Anweisungen für die Menschheit, auf physischer, intellektueller, moralischer und spiritueller Ebene zur Vollkommenheit zu gelangen. Die vorliegende Ausgabe umfast alle 114 Suren auf arabisch mit einer deutschen Übersetzung, die von Fachgelehrten als die beste deutsche Übersetzung bezeichnet wird. Index, ausführliche Einleitung in zwei Teilen, in der die Notwendigkeit des Heiligen Qur-âns, der innere Aufbau des Heiligen Qur-âns, einige Prophezeiungen aus dem Heiligen Qur-ân, die Charakteristik der qur-ânischen Lehren eingehend behandelt werden. Außerdem werden Untersuchungen über das Alte und das Neue Testament sowie über die Veden vorgenommen. In einem besonderen Kapitel wird die Prophezeiung aus dem 5. Buche Moses vorgestellt, in der die Ankunft des Propheten Mohammad, Friede und Segen Allahs seien auf ihm, angekündigt wird. Die Einführung wurde von Mirza Mahmud Ahmad, dem verstorbenen Kalifatul Masih II. verfasst.

810 Seiten, 29.80 DM

Der Heilige Qur-ân
(arabisch - deutsch)

Taschenbuch - Ausgabe, hrsg. unter der Leitung von Hazrat Mirza Tahir Ahmad, Khalifat'ul Massih IV.

Hiermit liegt nun eine preiswerte Taschenbuchausgabe des Heiligen Qur-ân vor, die den gesamten Text arabisch - deutsch beinhaltet und in handlichem Format erhältlich ist. Mit einem kurzen Vorwort.

653 Seiten, 10. – DM

Der Verheißene Messias

Hazrat Mirza Mubarak Ahmad

Der Autor, ein Enkel von Hazrat Ahmad, dem Verheißenen Messias, schildert lebendig zahlreiche Geschehnisse aus dem Leben seines Großvaters, in denen der außergewöhnliche und erleuchtete Rang des Verheißenen Messias deutlich wird. Wer immer sich mit dem Anspruch von Hazrat Ahmad, die Wiederkunft Jesus und der Reformer dieses Jahrhunderts zu sein, auseindersetzen will, wird in diesem Buch erläuternde Beispiele finden, wie das Leben des Begründers der Ahmadiyya-Bewegung im Islam exemplarisch den Menschen unserer Zeit Liebe schenkt.

44 Seiten, 3. – DM

Islam – Idee und Praxis

Masud Ahmad

Diese Sammlung von theoretischen und praktischen Erkenntnissen über die Lehre des Islam liefert auf über 140 Seiten eine Fülle von Material für den, der sich näher mit der Religion Islam auseinandersetzen will. Früher schon einmal hektographiert unter dem Titel »Die Gnade Allahs« verlegt, greift diese neu durchgesehene und revidierte Fassung grundlegende Themen wie Frage des Prophetentums; das Wesen der Engel; die Funktion des Gebetes; die Geschichte des Qur-âns; die Stellung der Frau im Islam u. a. m. auf und erklärt sie auf leichte einsichtige Weise. Verfasser dieses Standardwerkes ist Masud Ahmad, der lange Jahre als Leiter der Ahmadiyya-Bewegung im Islam im deutschen Sprachraum tätig war.

142 Seiten, 8. – DM

Vierzig schöne Edelsteine
Eine Sammlung von Äußerungen des Heiligen Propheten Mohammad mit Erklärungen

Hazrat Mirza Bashir Ahmad

Neben dem Heiligen Qur-ân, dem offenbarten Wort Gottes, dienen die Hadith (Äußerungen des Propheten) als Quelle des Wissens, der Inspiration und der Leitung für die Muslim, weil sie die Aussagen des Qur-âns aus verschiedenen Blickwinkeln beleuchten. Die Auswahl der Hadith, die hier nun vorliegt, versammelt vierzig bedeutende Weisheiten, die der Prophet des Islam den Muslimen und allen Menschen ans Herz legte. Erklärt wurden sie auf eindringliche und einfühlsame Art und Weise von Hazrat Mirza Bashir Ahmad, einem berühmten islamischen Gelehrten, der zudem ein Sohn des Verheißenen Messias und Mahdis war. Diese Sammlung zählt zu den wichtigen Büchern, die bislang mit und über Hadith in deutscher Sprache veröffentlicht wurden und stellt somit eine herausragende Bereicherung für jeden dar, der sich mit den Lehren des Islam und seiner Praxis in unserer Zeit beschäftgen möchte.

224 Seiten, 8. – DM